プリント形式のリアル過去問で本番の臨場感！

広島県
県立

広島中学校

2025年春 受験用

解答集

本書は，実物をなるべくそのままに，プリント形式で年度ごとに収録しています。
問題用紙を教科別に分けて使うことができるので，本番さながらの演習ができます。

■ 収録内容

・解答集(この冊子です)

　書籍ID番号，この問題集の使い方，最新年度実物データ，リアル過去問の活用，
　解答例と解説，ご使用にあたってのお願い・ご注意，お問い合わせ

・2024(令和6)年度 ～ 2019(平成31)年度　学力検査問題

JN132483

問題文などの非掲載につきまして

　著作権上の都合により，本書に収録している過去入試問題の本文や図表の一部を掲載しておりません。ご不便をおかけし，誠に申し訳ございません。

○は収録あり	年度	'24	'23	'22	'21	'20	'19
■ 問題(適性検査)		○	○	○	○	○	○
■ 解答用紙		○	○	○	○	○	○
■ 配点							

全分野に解説
があります

注)問題文等非掲載:2024年度適性検査2の2と3，2022年度適性検査2の2，2020年度適性検査2の3

教英出版

■ 書籍ID番号

入試に役立つダウンロード付録や学校情報などを随時更新して掲載しています。
教英出版ウェブサイトの「ご購入者様のページ」画面で，書籍ID番号を入力してご利用ください。

 書籍ID番号 **103232**

（有効期限：2025年9月30日まで）

【入試に役立つダウンロード付録】
「要点のまとめ（国語／算数）」
「課題作文演習」ほか

■ この問題集の使い方

年度ごとにプリント形式で収録しています。針を外して教科ごとに分けて使用します。①片側，②中央
のどちらかでとじてありますので，下図を参考に，問題用紙と解答用紙に分けて準備をしましょう（解答
用紙がない場合もあります）。

針を外すときは，けがをしないように十分注意してください。また，針を外すと紛失しやすくなります
ので気をつけましょう。

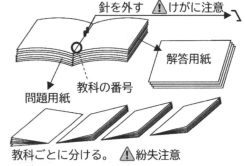

① 片側でとじてあるもの

針を外す ⚠ けがに注意
解答用紙
教科の番号
問題用紙
教科ごとに分ける。 ⚠ 紛失注意

② 中央でとじてあるもの

針を外す ⚠ けがに注意
解答用紙
教科の番号
問題用紙
教科ごとに分ける。 ⚠ 紛失注意

※教科数が上図と異なる場合があります。
解答用紙がない場合や，問題と一体になっている場合があります。
教科の番号は，教科ごとに分けるときの参考にしてください。

■ 最新年度 実物データ

実物をなるべくそのままに編集してい
ますが，収録の都合上，実際の試験問題
とは異なる場合があります。実物のサイ
ズ，様式は右表で確認してください。

問題用紙	Ａ４冊子（二つ折り）
解答用紙	Ｂ４片面プリント

リアル過去問の活用

~リアル過去問なら入試本番で力を発揮することができる~

✿ 本番を体験しよう！

　問題用紙の形式（縦向き／横向き），問題の配置や余白など，実物に近い紙面構成なので本番の臨場感が味わえます。まずはパラパラとめくって眺めてみてください。「これが志望校の入試問題なんだ！」と思えば入試に向けて気持ちが高まることでしょう。

✿ 入試を知ろう！

　同じ教科の過去数年分の問題紙面を並べて，見比べてみましょう。

① 問題の量

毎年同じ大問数か，年によって違うのか，また全体の問題量はどのくらいか知っておきましょう。どのくらいのスピードで解けば時間内に終わるのか，大問ひとつにかけられる時間を計算してみましょう。

② 出題分野

よく出題されている分野とそうでない分野を見つけましょう。同じような問題が過去にも出題されていることに気がつくはずです。

③ 出題順序

得意な分野が毎年同じ大問番号で出題されていると分かれば，本番で取りこぼさないように先回りして解答することができるでしょう。

④ 解答方法

記述式か選択式か（マークシートか），見ておきましょう。記述式なら，単位まで書く必要があるかどうか，文字数はどのくらいかなど，細かいところまでチェックしておきましょう。計算過程を書く必要があるかどうかも重要です。

⑤ 問題の難易度

必ず正解したい基本問題，条件や指示の読み間違いといったケアレスミスに気をつけたい問題，後回しにしたほうがいい問題などをチェックしておきましょう。

✿ 問題を解こう！

　志望校の入試傾向をつかんだら，問題を何度も解いていきましょう。ほかにも問題文の独特な言いまわしや，その学校独自の答え方を発見できることもあるでしょう。オリンピックや環境問題など，話題になった出来事を毎年出題する学校だと分かれば，日頃のニュースの見かたも変わってきます。

　こうして志望校の入試傾向を知り対策を立てることこそが，過去問を解く最大の理由なのです。

✿ 実力を知ろう！

　過去問を解くにあたって，得点はそれほど重要ではありません。大切なのは，志望校の過去問演習を通して，苦手な教科，苦手な分野を知ることです。苦手な教科，分野が分かったら，教科書や参考書に戻って重点的に学習する時間をつくりましょう。今の自分の実力を知れば，入試本番までの勉強の道すじが見えてきます。

✿ 試験に慣れよう！

　入試では時間配分も重要です。本番で時間が足りなくなってあわてないように，リアル過去問で実戦演習をして，時間配分や出題パターンに慣れておきましょう。教科ごとに気持ちを切り替える練習もしておきましょう。

✿ 心を整えよう！

　入試は誰でも緊張するものです。入試前日になったら，演習をやり尽くしたリアル過去問の表紙を眺めてみましょう。問題の内容を見る必要はもうありません。どんな形式だったかな？受験番号や氏名はどこに書くのかな？…ほんの少し見ておくだけでも，志望校の入試に向けて心の準備が整うことでしょう。

　そして入試本番では，見慣れた問題紙面が緊張した心を落ち着かせてくれるはずです。

※まれに入試形式を変更する学校もありますが，条件はほかの受験生も同じです。心を整えてあせらずに問題に取りかかりましょう。

《解答例》

1

(仕事の分担表)

時間	午前9時	10時	11時	午後0時	1時	2時	3時
受付係 担当者	B	A	B	A	B	A	C
	D	C	D	C	D	E	D
	E	E					E

時間	午前9時	10時	11時	午後0時	1時	2時	3時
放送係 担当者	C			B	C		B

2 実験方法…ポリエチレンのふくろに氷を入れ、空気をぬいて密閉し、冷凍庫の中に置く。1週間ごとに、ふくろのようすを観察する。　　　予想が正しい場合の実験結果…冷凍庫に置く期間が長いほど、ふくろはふくらむ。

3 旗1枚の縦の長さ…62　旗1枚の横の長さ…93　布と絵の具の合計金額…2452

合計金額を求めた考え方…買う布の長さは、$62×2＝124$(cm)だから、布の代金は、$124×13＝1612$(円)

青色でぬる部分の面積は、$62×62÷2×2＝3844$(cm²)、赤色でぬる部分の面積は、$(93－62)×62×2＝3844$(cm²)

したがって、必要な絵の具は、$3844÷1500＝2$余り844より、青色と赤色が3本ずつの計$3＋3＝6$(本)だから、絵の具の代金は、$140×6＝840$(円)　　よって、合計金額は、$1612＋840＝2452$(円)

4 Aに入る言葉…容器の中の水の量　　Bに入る言葉…容器の底から水面までの高さ

そのように考えた理由…同じ量の水を入れた容器アと容器イで、すべての水がなくなるまでにかかる時間が容器アの方が長いから、水の出る勢いが変わる条件は容器の中の水の量ではないと考えられる。容器アと容器イのそれぞれの実験結果から、容器の底から水面までの高さが低くなるほど、高さ2cm分の水が減るのにかかる時間が長くなるから、水の出る勢いが変わる条件は容器の底から水面までの高さであると考えられる。

5 例えば、頂点Bに集まった3つの面は、面ABCD、面BFGC、面ABFEであり、頂点Cに集まった3つの面は、面ABCD、面BFGC、面CDHGである。この2つを比べると、面ABFEと面CDHGが異なるだけで、あとの2つの面は同じであるが、面ABFEと面CDHGには異なる数字が書かれる。したがって、どのような数字の書き入れ方をしてもこの2つの数の和が等しくなることはないから、「立体のまほうじん」を作ることはできない。

《解　説》

1 まず、1人あたり何時間仕事を行うかを求める。

受付係の仕事時間の合計は、$\frac{1}{2}$時間$×6＋3$時間$×1＋2$時間$×4＝14$時間、放送係の仕事時間の合計は、15分$×4＝\frac{1}{4}$時間$×4＝1$時間だから、合計で、$14＋1＝15$(時間)である。したがって、1人あたり$15÷5＝3$(時間)仕事をすればよい。合計を3時間にするためには、放送係の仕事は1人あたり2回($\frac{1}{2}$時間)か4回(1時間)行う。2回($\frac{1}{2}$時間)行う場合は、$\frac{1}{2}$時間の受付係と組み合わせて、合計1時間になるようにする。

また、2時間以上続けて仕事をしないので、ある1人の担当を決めるときに、なるべく仕事と仕事の間に何もしない時間を作るようにするとよい。あとは、花子さんが美術部の仕事ができない時間帯や、同じ時間に2つの係の仕

事が重ならないように注意しながら，表をうめていけばよい。解答はいろいろと考えられる。

2　解答例では，氷が水蒸気になると，体積が非常に大きくなることを利用している。

3　計算しやすくするために，3の倍数である旗の横の長さを90cmとしてみる。このとき，縦の長さは，$90 \times \frac{2}{3} =$ 60(cm)だから，布は$60 \times 2 = 120$(cm)買うので，布の代金は，$120 \times 13 = 1560$(円)となる。

青色の直角二等辺三角形の面積は，$60 \times 60 \div 2 = 1800$(cm²)，赤色の平行四辺形の面積は，$(90-60) \times 60 = 1800$(cm²)となる。このように，どうやって旗を作っても青色でぬる面積と赤色でぬる面積は等しくなる(白色の部分の面積も等しくなる)。青色と赤色の絵の具は，$(1800 \times 2) \div 1500 = 2$余り600より，3本ずつ必要だから，絵の具の代金は，$140 \times 3 \times 2 = 840$(円)となる。したがって，この旗の場合の合計金額は，$1560 + 840 = 2400$(円)

以上の答えでも問題の条件を満たしているが，「遠くからでもよく見えるように」とあるので，予算内でできるだけ大きい旗を作ることを考えてみる。縦60cm，横90cmの旗から，縦の長さを2cm，横の長さを3cm増やすと，布の代金は$2 \times 2 \times 13 = 52$(円)増える。青色の部分の面積は，$(62 \times 62 \div 2 - 60 \times 60 \div 2) \times 2 = 244$(cm²)増えるから，必要な絵の具の本数は変わらない。したがって，合計金額と2500円との差額は，$2500 - (2400+52) = 48$(円)となる。さらに縦の長さを2cm，横の長さを3cm増やすと合計金額が少なくとも52円増えるので，これ以上大きな旗を作ることはできない。

5　解答例のように，2つの頂点を例にとって比べるとよい。

《解答例》

1. アンケート結果から、多くの児童が学校ビオトープにほとんど行かないことがわかります。また、学校ビオトープにあまり興味がない、手入れが不十分という問題もあります。私は、学校ビオトープの役割やみ力を説明するポスターを作り、季節ごとに学校ビオトープの観察と手入れを行う会を行うことを提案します。ポスターを見てもらうことで、まずは学校ビオトープに興味をもってもらいます。その上で、会の活動を通して、ありのままの自然にふれて季節の変化を感じてもらい、みんなで手入れをして学校ビオトープを守っていきたいと思います。

2. 廃藩置県によって中央集権国家の基礎を築いた明治時代の新政府は、欧米諸国に対抗できる強い国をつくるための富国強兵の政策として、近代産業を育成するために殖産興業政策を実施し、西洋式の強い軍隊づくりのために徴兵令を出した。また、改革のために必要となる財源を安定させる目的で地租改正を実施した。それまでの租税が米を納める江戸時代の年貢を引き継いでいて、収納高の変動などで収入が不安定であったため、新政府は土地の地価を定めて所有者に地券を発行し、地価の３％を地租として現金で納めさせた。

3. 本文非公表のため、解答例は掲載しておりません。

《解　説》

1. 問題文に「この取り組みでは，看板に書かれている『願い』を引き継ぎ，学校ビオトープでの児童と生き物とのふれあいをさらに充実させることを目指します」とあるので，提案はこの目的に沿ったものにする。「看板に書かれている『願い』」には，「ありのままの自然にふれて，季節の変化を感じてほしい」「手入れをすることを忘れずに，生き物にとってよりよい環境を保って」ほしい，「みんなで『できること』を考え，学校ビオトープを大切に守り続けてほしい」と書かれている。したがって，提案にはこれらの「願い」を実現する方法を盛り込む。資料には，提案の参考になる取り組みや，学校ビオトープの良い点と問題点などが書かれているので，これらも参考にして提案をまとめる。

2. 資料１より，年貢の収納高が多いときと少ないときで約 30 万石の差があることがわかる。新政府が改めた税のしくみとその目的として，資料２より，「地租改正」の内容と目的について記述すると判断する。新政府の政策について，資料３の左上から「廃藩置県」，右上から「岩倉使節団」，左下から「殖産興業」，右下から「徴兵令」を読み取り，それぞれの政策の目的や内容にふれながら，「富国強兵」のためのさまざまな政策の実施には，安定した収入が必要であったことにつなげる。

3. 著作権上の都合により文章を掲載しておりませんので，解説も掲載しておりません。ご不便をおかけし，誠に申し訳ございません。

《解答例》

1 右表

2 植物は，日光にあたると空気中の二酸化炭素を取り入れてでんぷんをつくり出す。このはたらきは冬よりも夏にさかんに行われるから。

（表）

	高志	光	美希	広子
チョコレート(個)	0	4	2	6
あめ(個)	4	3	5	4
クッキー(個)	6	3	3	0
合計金額(円)	168	168	156	156

3 あなたが考えた箱…9，16，12，42

そのように決めた考え方…1箱に使えるテープの長さは，

$350 \div 8 = 43.75$ より，43 cm以下である。また，必要なテープの長さは，直方体の縦の長さと高さの和の2倍だから，短い2辺を縦と高さにすればよい。次に，容積は $12 \times 12 \times 12 = 2 \times 2 \times 2 \times 2 \times 2 \times 2 \times 3 \times 3 \times 3$ だから，縦，横，高さは素因数が2か3だけであり，積が2を6回，3を3回かけた値になればよい。最も長い辺と最も短い辺の長さの差が 10 cm以下で，このような3つの数を探すと $3 \times 3 = 9$，$2 \times 2 \times 3 = 12$，$2 \times 2 \times 2 \times 2 = 16$ が見つかる。よって，縦を9 cm，横を16 cm，高さを12 cmとすると，必要なテープの長さは $(9 + 12) \times 2 = 42$（cm）となり，展開図が縦 $9 \times 2 + 16 = 34$（cm），横 $(9 + 12) \times 2 = 42$（cm）で1枚の工作用紙で作成でき，条件に合う。

4 下図などから1つ

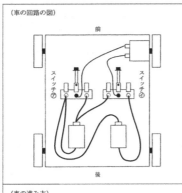

（車の回路の図）
前
スイッチ㋐　スイッチ㋑
後

（車の進み方）
○スイッチ㋐を左，スイッチ㋑を左に切りかえた場合（ A ）
○スイッチ㋐を左，スイッチ㋑を右に切りかえた場合（ B ）
○スイッチ㋐を右，スイッチ㋑を左に切りかえた場合（ X ）
○スイッチ㋐を右，スイッチ㋑を右に切りかえた場合（ D ）

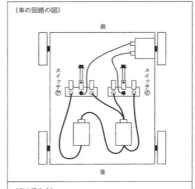

（車の回路の図）
前
スイッチ㋐　スイッチ㋑
後

（車の進み方）
○スイッチ㋐を左，スイッチ㋑を左に切りかえた場合（ C ）
○スイッチ㋐を左，スイッチ㋑を右に切りかえた場合（ A ）
○スイッチ㋐を右，スイッチ㋑を左に切りかえた場合（ X ）
○スイッチ㋐を右，スイッチ㋑を右に切りかえた場合（ B ）

5 理子さんのさいころの動かし方を表す図…右図

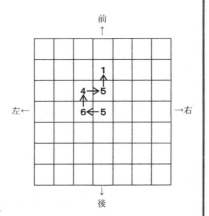

前
↑
1
↑
4→5
↑
左← 6←5 →右
↓
後

そのように決めた考え方…直人さんがさいころを動かした回数は5回だから，4回以内にさいころの目の数の和を21にすればよい。さいころを動かすとき，次にマスに接する数は，動かす前にマスに接していた数と，その反対側にある数，1回前にマスに接していた数以外の3つの数が考えられる。できるだけ大きい目がマスと接するように動かしていくと，1回目は2，5以外だから左に動かして6，2回目は1，5，6以外だから上に動かして4，3回目は3，4，6以外だから右に動かして5となる。この時点でマスに接した数の合計は $5 + 6 + 4 + 5 = 20$ だから，4回目で上に動かして1とすれば合計21となり，理子さんが勝つ。

《解　説》

1 まずは全員のお菓子の個数を均等にそろえ，4人の希望に合うようにお菓子を交換する。金額については，最初に個数をそろえたときの金額との差額に注目し，差額が4円多ければ＋4，6円少なければ－6のように表して表にまとめる。チョコレートを㋑，あめを㋐，クッキーを㋒と表す。

㋑は1個あたり216÷12＝18（円）で12個，㋐は1個あたり192÷16＝12（円）で16個，㋒は1個あたり120÷6＝20（円）で6×2＝12（個）ある。よって，最初に1人に配るお菓子の個数は，㋑が12÷4＝3（個），㋐が16÷4＝4（個），㋒が12÷4＝3（個）の合計3＋4＋3＝10（個）で，合計金額は18×3＋12×4＋20×3＝162（円）になる。また，1個ずつ交換したときの差額は，㋒と㋑が20－18＝2（円），㋑と㋐が18－12＝6（円），㋒と㋐が20－12＝8（円）である。

以上をもとにお菓子の交換をする。まず，高志さんの㋒の個数を増やし，広子さんの㋒の個数を0枚にしたいので，㋒の金額が最も高いことを考え，高志さんの㋑2個と広子さんの㋒2個，美希さんの㋑1個と広子さんの㋒1個をそれぞれ交換すると，表1のようになる。この交換により，4人のうち光さんの希望以外は満たすので，次に，金額の大きい人と小さい人の差が20円以下になり，光さんの㋑の個数が多くなるようにする。

表1

	高志	光	美希	広子
チョコレート（個）	1	3	2	6
あめ（個）	4	4	4	4
クッキー（個）	5	3	4	0
差額（円）	＋4	0	＋2	－6

表2

	高志	光	美希	広子
チョコレート（個）	0	4	2	6
あめ（個）	4	3	5	4
クッキー（個）	6	3	3	0
差額（円）	＋6	＋6	－6	－6

高志さんの㋑1個と光さんの㋒1個，美希さんの㋒1個と光さんの㋐1個をそれぞれ交換すると，表2のようになり，4人の希望をすべて満たす。このとき，高志さんと光さんのお菓子の合計金額は162＋6＝168（円），美希さんと広子さんのお菓子の合計金額は162－6＝156（円）となり，金額の大きい人と小さい人の差は6＋6＝12（円）だから，条件を満たす。

なお，条件を満たす組み合わせであれば，他の解答でもよい。

2 植物の葉に日光があたると，二酸化炭素と水を材料にして，でんぷんと酸素をつくりだすはたらき（光合成）が行われる。日本では，夏は太陽が出ている時間が長く，太陽の高さも高いため，葉により多くの日光があたり，光合成がさかんに行われる。これに対し，冬は太陽が出ている時間や太陽の高さの条件が夏よりも悪いことに加え，葉を落とす植物もあり，光合成によって取り入れられる二酸化炭素の量が夏よりも少なくなる。

3 箱を作るときの条件は，容積が12×12×12＝1728（cm³）であること，縦の長さと高さの和を2倍した値が43以下であること，最も長い辺と最も短い辺の長さの差が10cm以下であること，図2と同じ方法でかいた展開図が縦40cm，横60cmの工作用紙におさまること，の4つである。縦にあたる辺と高さにあたる辺を間違えやすいので注意する。これらの条件を満たしている解答であればよい。

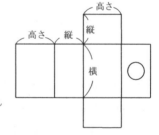

4 電流はかん電池の＋極から－極に向かって流れる。試しに作った車の回路の結果から，かん電池からの電流がモーターの下の端子に流れこむと前に進み，上の端子に流れこむと後ろに進むことがわかる。また，かん電池1個のときにゆっくり進むことがわかるので，速く進むのはかん電池2個が直列つなぎになるときだと考えられる。

5 出る目が最も大きくなるように転がしていき，最後に和が21になるよう調整すると考えやすい。

4回以内にさいころの目の数の和を21とすれば解答例以外でもよい。

《解答例》

1　(例文)

　　私は、毎日の清掃活動を充実させるために、時間内にどれだけきれいにできたかを班ごとに競う取り組みを提案します。なぜなら、班で協力しながら一人一人の集中力や責任感も高まり、短時間できれいにするアイディアがたくさん生まれると思うからです。必ず時間内で行い、決められたポイントを終りょう時刻にさつえいしておきます。すべての班が持ち場を一周したところで、投票で順位を決めます。スポーツの試合をする時のように、勝つために努力したり協力したりすることで、清掃活動を前向きな気持ちでがんばる人が増えると思います。

2　(例文)次に、パイナップルは、１９４５年以降生産量が増えましたが、輸入自由化が進んだことで外国産のパイナップルに押され、生産量は減少傾向にあります。そこで、パイナップル農家は生産量や消費量を増やすための工夫として、品種改良やブランド化などをしています。また、きくは、さとうきびより多くの収入が得られるため、さとうきびからきくの栽培に変更する農家もあらわれ、冬に出荷されるきくの約４割が沖縄県産となっています。１９９０年代後半から国内のきく生産量が減少する中、沖縄県のきくの生産量は減少していません。

3　1．人類共通の価値ある遺産を守り、保存していくための国際協力体制をつくるという意味。

　　2．(例文)

　　守り保存すべき価値があるから世界遺産に登録されたのに、誘客効果が大きい観光地となってその価値をおびやかすのでは本末転とうだ。登録後の維持管理体制の点検と補強、世界遺産は将来世代に伝承するべきものだという意識を持つことの必要性を伝えようとしている。

　　宮島で、観光客の急増でかん境が悪化するオーバーツーリズムが問題になっていると聞いた。厳島神社は将来世代に伝承すべき宝だ。多くの人が訪れることは広島のほこりでもある。取り返しのつかない事態にならないように、世界遺産の意義を再認識すべきだと考える。

《解　説》

1　取り組みの目的は「毎日の清掃活動の充実」であり、「資料や黒板にまとめられたことと話し合いの様子の一部をふまえて」とあるのが作文の際の条件となる。希さんが「みんなで楽しくできる取り組みにしたほうがいいと思います」、豊さんが「きちんとそうじするためにも、無言清掃に取り組むのはどうかな」、未来さんが「『清掃プロジェクト』の目指す姿に近づいていくことも大切なのではないかと思うよ」と言っていることと、それぞれの発言にあてはまる「資料」と「黒板にまとめられたこと」の部分を照らし合わせて読みながら、どのような取り組みができるかを考えてみよう。提案に説得力を持たせるためには、具体的な方法を説明するだけでなく、その取り組みが良いと考えた理由や、どのような効果があるのかなどを説明するとよい。

2　沖縄の農作物として、さとうきび、パイナップル、きくを取り上げていて、「農作物からみえてきた沖縄の農業の特色と変化について」では、第一段落でさとうきびの内容が書かれているので、残ったパイナップルときくについて両方書く必要がある。資料１からは、パイナップルの出荷量は減少し、きくの出荷量は増加し、現在はどちらも横ばいであることがわかる。資料２からは、沖縄県のきくは冬に多く出荷され、全体に占める割合は４割近いことが読み取れる。その上で、資料３を見ると、パイナップルときくの栽培状況の変化が書かれているので、この情報

をもとにまとめればよい。冷凍パイナップル，缶詰の輸入自由化によって，沖縄では生食用に適したパイナップルの品種がつくられるようになったり，スナックパインと呼ばれる品種が普及したりした。スナックパイン(ボゴールパイン)は，果肉が柔らかく，手でちぎって食べられるうえに，芯の部分まで残らず食べることができる。品種改良による新品種や，特徴のある品種を生産することで，他の地域との差別化をはかる工夫が見られる。きくは，日照時間が短くなると開花を始める特性をもつことから，24時間光を当て続けることで，開花時期を調整することができる。このように育てたきくは電照ぎくと呼ばれ，愛知県の渥美半島や沖縄県でさかんに行われている。愛知県で冬にきくを出荷するためにはビニールハウスを利用する必要があるが，暖かい沖縄県では冬でも露地栽培で生産できるため，生産コストが少なくてすむという利点がある。

3　1　直前の一文の内容，つまり，世界遺産条約の「人類共通の価値ある遺産を守り，保存していくための国際協力体制をつくる」という理念を指している。

2　——線②は，この社説のまとめである。「我が町の見どころ」は，観光スポットのこと。世界遺産に登録されると「観光ラッシュ」になり，それによる「ひずみ」が生じることが文章中で指摘されている。文章中では，自治体などの「登録自体をゴールと位置づけるような風潮」を見直して「維持管理体制の点検と補強が必要」だということ，「世界遺産条約は，遺産を将来世代に伝承することを締約国の義務と定める」ものだと改めて認識する必要があるということを述べている。この考えが，社説の見出し「世界遺産の意義見つめ直そう」に集約されている。

《解答例》

1　⑦8　　④4　　⑦30　　⑦，④，⑦を求めた考え方…豊さんは2位なので，得点の合計（⑦）は28より大きく31未満になるような⑦と④の数を探してみる。豊さんの1，2，3回目に記録した数の合計は，5＋4＋5＝14（点）だから，⑦＋④×2の値が28－14＝14より大きく31－14＝17未満となるような⑦と④の値を探すと，⑦＝8，④＝4のときに成り立つことがわかり，このときの⑦は，14＋8＋4×2＝30となる。

2　分かったこと…磁石Aと磁石Bの間かくが同じであれば，引き合う力の大きさとしりぞけ合う力の大きさは等しい。そのように考えた理由…結果の表から，磁石Aと磁石Bの間かくが同じとき，N極どうしがしりぞけ合うときに増える電子てんびんの値と，N極とS極が引き合うときに減る電子てんびんの値が同じだから。

3　提案するコースの道筋…右図　　走る距離の差…7.5
求め方…去年のコースの距離は 300×2×3.14＝600×3.14＝1884（m），
提案するコースの距離は $300×2×3.14×\frac{5}{8}＋200×2×3.14×\frac{1}{8}＋100×2×3.14×\frac{2}{8}＋400＝475×3.14＋400＝1891.5$（m）だから，その差は，1891.5－1884＝7.5（m）

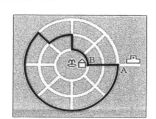

4　実験の方法…2本のペットボトルに同じ量の水と二酸化炭素を入れて，ふたをする。一方は氷水につけ，もう一方はお湯につけてしばらく置いた後，ペットボトルをよくふる。
予想が正しい場合の結果…氷水につけたペットボトルの方が大きくへこむ。

5
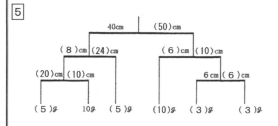

《解　説》

1　豊さんの得点の合計（⑦）は，28，31になるときは記録した数の最大の数を比べる必要があるので，豊さんの得点の合計が29，30となるような⑦と④の値を考えるとよい。得点の合計（⑦）が28の場合，学さんの3回目が9だから，豊さんは2位にならないので，得点の合計（⑦）は28になるような組み合わせは間違い。得点の合計（⑦）が31の場合，⑦と④は8より小さい数になるので，組み合わせは（⑦，④）＝（3，7）（5，6）（7，5）が考えられる。解答例以外でも，条件に合う⑦，④，⑦の値はいくつかある。

2　解答例の他に，分かったことを「磁石Aと磁石Bの間かくが小さくなるほど，引き合う力やしりぞけ合う力の増え方が大きくなる。」とし，そのように考えた理由を「磁石Aと磁石Bの間かくが 11.0 cmから 10.0 cmになるときの電子てんびんの値の変化は 0.1 gだが，磁石Aと磁石Bの間かくが 3.0 cmから 2.0 cmになるときの電子てんびんの値の変化は 8.1 gだから。」などとしてもよい。

3 できるだけ去年と同じコースを走るように考える。最初にBからAへ移動すると直線部分で $300-100=200$ (m) 走る。最後にBに戻るので，直線部分は合わせて $200\times2=400$ (m) 走るとわかる。よって，去年のコースと比べて，曲線部分の走る距離の差が400mにできるだけ近くなるコースを考える。

右図の曲線CDと曲線EF，曲線CDと曲線GHの長さの差はそれぞれ，

$$300\times2\times3.14\times\frac{1}{8}-200\times2\times3.14\times\frac{1}{8}=25\times3.14\text{(m)},$$

$$300\times2\times3.14\times\frac{1}{8}-100\times2\times3.14\times\frac{1}{8}=50\times3.14\text{(m)}$$

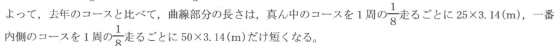

よって，去年のコースと比べて，曲線部分の長さは，真ん中のコースを1周の $\frac{1}{8}$ 走るごとに 25×3.14 (m)，一番内側のコースを1周の $\frac{1}{8}$ 走るごとに 50×3.14 (m) だけ短くなる。

$400\div3.14=127.3\cdots$ だから，400mは，約 127×3.14 (m) である。曲線部分の長さの差ができるだけ 127×3.14 (m) に近くなるようなコースを考えると，真ん中のコースを1周の $\frac{1}{8}$，一番内側のコースを1周の $\frac{1}{8}\times2=\frac{1}{4}$ だけ走ることで，曲線部分の長さの差が $25\times3.15+50\times3.14\times2=125\times3.14=392.5$ (m) になることがわかる。

このとき，走る距離の差は $400-392.5=7.5$ (m) となるので，条件に合う。

したがって，解答例のようなコースとなる。条件に合う走るコースは他にもいくつか考えられる。

4 ペットボトルに同じ量の二酸化炭素を入れるには，ストップウォッチなどで時間をはかり，二酸化炭素のボンベから同じ時間だけ二酸化炭素を放出するとよい。また，水そうの中でペットボトルを水にしずめて水で満たし，そこに二酸化炭素を入れていくと，集まった二酸化炭素の体積を目で見て確認することができる。

5 支点の左右で棒をかたむけるはたらき〔おもりの重さ(g)×支点からの距離(cm)〕が等しいとき，つり合う。この関係が成り立つとき，支点の左右で，おもりの重さの比が支点からの距離の逆比と等しくなる。解答例について，この関係を確かめると，左下段の棒では，左右のおもりの重さの比が $5:10=1:2$，距離の比が $20:10=2:1$ になっている。同様に考えると，左中段の棒では，左右のおもりの重さの比が $(5+10):5=3:1$，距離の比が $8:24=1:3$ になっている。このような関係がすべての棒で成り立てばよいので，解答例以外にも正答が考えられる。下の2つの図はそれらの一部である。

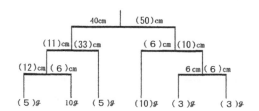

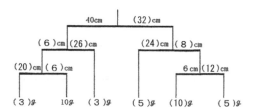

《解答例》

1 （例文）私は、「みんなが暮らしやすいまちづくり」のために、交通ルールの呼びかけを提案します。なぜなら、高齢者から、自転車のスピード違反を指摘する声があがったからです。私たちが交通ルールのポスターを作成して駅やスーパーマーケットなどに貼れば、自転車の正しいルールを広めることができると思います。その結果、歩行者の通行を妨げる危険な自転車走行が減り、安全な暮らしやすいまちになると思います。

2 選んだ時代…平安時代　　選んだ写真の番号…②，③，⑥

（例文）平安時代に天皇や貴族たちが始めた年中行事が今も受けつがれているのは、子どもの健やかな成長を願う親の思いが、時代を経ても変わらないからだと考えます。

〔別解〕選んだ時代…室町時代　　選んだ写真の番号…①，④，⑤

（例文）戦乱が多かった室町時代に武士たちが始めたご楽が今も受けつがれているのは、社会情勢の安定を願う人々の思いが、時代を経ても変わらないからだと考えます。

3 1．よく知っているつもりで、他人の意見を聞かずに自分だけでやってしまい、他人を感動させるには至らない、不充分な仕上がりの映画になってしまうこと。

2．（例文）

映画自身をいちばん不得意なものにしておけば、衆知を集めて工夫し、誰のスケールをも超えた、ひとつの魅力も説得力もある映画を完成させることができ、同時に自分自身も成長することができるからである。

私はピアノを不得意なものにしておきたい。ピアノをひいていて特にうれしいのは、できなかったことができるようになった時だ。もし得意だと思ってしまったら、あまり努力しなくなり、楽しみが減ってしまうと思う。

《解　説》

1 広子さんと大志さんの発言より、「みんなが暮らしやすいまちづくり」には，克服しないといけない課題を解決するために，小学生ができる内容を提案するのが良いとわかる。黒板より，歩道の点字ブロックの上に自転車がとめられていること，歩行者がいるにもかかわらず速いスピードで走行する自転車がいることから，自転車の交通ルール違反が課題として考えられる。解答例の他，ごみのポイ捨てを課題として取り上げて，ごみの分別や捨て方を呼びかけるポスターを作成し，清けつで暮らしやすいまちを目指す提案なども考えられる。

2 「端午の節句」はこどもの日として受けつがれている。年中行事は毎年一定の時期に慣例として行われる行事で，お盆や七五三などもある。また，室町時代の武家屋敷に見られる書院造には，現代の和室に受けつがれている畳やふすま，床の間・ちがいだななどが設けられていた。床の間を飾るために発達したのが生け花であり，書院造として有名な銀閣を建てた室町幕府8代将軍足利義政のころ，書院における豪華な茶の湯が広まった。

3 1　落とし穴は，気付かずに落ちてしまう罠（わな）である。ここでは，「自分が好きで得意なこと」をやる時に，気付かずにおかしてしまう失敗のことを言っている。傍線部①の直後の段落に「好きなことだから，誰（だれ）よりよく知っているつもり。そこで他人の意見を聞いたりはしない。自分が得意だから誰にも任せず自分でやってしまおうとする」とある。その結果「他人を感動させ，感銘（かんめい）を与（あた）えるには至らない」「不充分（ふじゅうぶん）な仕上がり」の映画になってしまうのである。

2　最後の4段落に，「不得意な」ことで得られる良いことが書かれている。映画が不得意であればあるほど，理

解できるまで時間がかかり，他人に聞いたり，専門家たちを集めていろいろ試みてもらったりするといった作業が増える。また，「自分自身が本当に面白く，満足できる」ようになるまで，なかなかＯＫを出さない。そのため，ＯＫを出すまでに，映画の質は高まり，より大きな存在になっていく。こうした過程を経ることで，筆者自身が「映画によって育てられ」る。このように，映画を「いちばん不得意なもの」にしておけば，多くのことを得られるのである。

《解答例》

1　地上に降った雨や雪は，水の状態で集まって川になり海まで流れていく。海などから蒸発した水は水蒸気の状態で空気にふくまれて上しょうし，上空で温度が下がると，水蒸気は水や氷のすがたになって出てくる。これらの細かいつぶが集まって雲ができる。

2　望美さん考え方…分母の和，分子の和がそれぞれ，計算結果の分母，分子になる

説明…$\frac{2}{5}+\frac{1}{5}$を計算すると，図iのように5等分したものの3個分になるから，$\frac{3}{5}$となる。望美さんの計算結果である$\frac{3}{10}$は，図iiのように10等分したものの3個分であるから，まちがっている。

3　予想…光　　実験の方法…はち植えのタンポポを暗室に置き，室温を一定に保ったまま部屋を明るくしたり暗くしたりする。　　実験の結果…明るくするとタンポポの花が開き，暗くするとタンポポの花が閉じる。

4　[縦，横，レンガの個数]…[2，3.6，14]，[1.8，4，16] のうち1つ

考え方…レンガは縦10cm=0.1m，横20cm=0.2mだから，花を植える部分の面積が，(1.4-0.1×2)×(3.2-0.1×2)×2=7.2(㎡)となればよい。2×3.6=7.2より，花を植える部分の縦が2m，横が3.6mとなればよいから，追加するレンガの個数は，(2-1.2)÷0.2×2+(3.6-3)÷0.2×2=14(個)

5　選んだふりこ…ア，イ，ウ，キ／ア，イ，エ，キ／ア，イ，カ，キ／ア，ウ，エ，キ／ア，エ，カ，キ／イ，ウ，カ，キ／イ，エ，カ，キ／ウ，エ，カ，キ のうち1つ　　4個のふりこに決めた考え方…それぞれのふりこが1往復する時間を求めることで，オをのぞく全てのふりこが30秒後に右はしにきて，それぞれのふりこが一定の周期で右はしにくることがわかる。キは2秒ごと，アとカは3秒ごと，イとエは5秒ごとに右はしにきて，2と3と5の最小公倍数は30だから，30秒後に4個のふりこ全てが右はしで初めてそろうのは，2秒ごと，3秒ごと，5秒ごとに右はしにくるふりこがすべて入っている組み合わせのときである。

《解　説》

1　水は氷(固体)，液体(水)，気体(水蒸気)の状態で存在し，すがたを変えながら地球をめぐっている。雨は液体，雪は固体，雲は液体や固体の状態である。雲は，水蒸気をふくむ空気が上昇して気温が下がり，空気中にふくみきれなくなった水蒸気が細かい水てきや氷のつぶになって出てきたものである。これらの小さなつぶが集まって重くなり，たえきれなくなって地上に降ってきたものが雨や雪である。

2　2+1=3，5+5=10より，望美さんは分子同士，分母同士の足し算をしていることがわかる。

解答例のように，1を円として分数をおうぎ形で表すと考えやすい。

3　光が関係していることを調べるときは，光の条件だけを変え，温度が関係していることを調べるときは，温度の条件だけを変える。

4　レンガは縦10cm=0.1m，横20cm=0.2mの面を下にするから，今の花だんの花を植える部分は，縦が1.4-0.1×2=1.2(m)，横が3.2-0.1×2=3(m)で，面積は，1.2×3=3.6(㎡)

縦か横いずれかの長さを2倍にすれば，面積も2倍となるが，花だんの大きさが縦2.5mまたは横5mをこえてしまう。よって，面積が3.6×2=7.2(㎡)となる花を植える部分を考える。

【花だんを上から見たスケッチ】より，レンガを左右に1個ずつ，計2個増やすと，花を植える部分の縦が0.2m

長くなり，レンガを上下に1個ずつ，計2個増やすと，花を植える部分の横が0.2m長くなる。

例えば2×3.6＝7.2より，花を植える部分の縦を2m，横を3.6mとすれば面積が2倍となるが，このとき，レンガを左右に(2−1.2)÷0.2＝4(個)ずつ，上下に(3.6−3)÷0.2＝3(個)ずつ増やしたから，追加するレンガの個数は，4×2＋3×2＝14(個)である。

他に条件に合う花を植える部分の縦と横の長さは，(1.8m，4m)であり，このときの追加するレンガの個数は，(1.8−1.2)÷0.2×2＋(4−3)÷0.2×2＝6＋10＝16(個)である。

5 1往復する時間はアが $60÷80＝\frac{3}{4}$(秒)，イが $60÷72＝\frac{5}{6}$(秒)，ウが $60÷60＝1$(秒)，エが $60÷48＝1.25$(秒)，オが $60÷45＝\frac{4}{3}$(秒)，カは $60÷40＝1.5$(秒)，キは $60÷30＝2$(秒)である。オは30秒後に右はしにこないので，オを除いた6個の中から4個を選ぶ。ここで，30秒後までの整数秒後に右はしにくるのは，アとカが3秒後，6秒後，9秒後，12秒後，15秒後，18秒後，21秒後，24秒後，27秒後，30秒後(3秒ごと)，イとエが5秒後，10秒後，15秒後，20秒後，25秒後，30秒後(5秒ごと)，ウが1秒後から30秒後まで1秒ごと，キが2秒後から30秒後までの2秒ごとに右はしにくる。2と3と5の最小公倍数は30だから，30秒後に4個のふりこ全てが右はしで初めてそろうのは，2秒ごと(キ)と3秒ごと(アとカ)と5秒ごと(イとエ)に右はしにくるふりこが入っている組み合わせのときである。したがって，ア，イ，ウ，キ／ア，イ，エ，キ／ア，イ，カ，キ／ア，ウ，エ，キ／ア，エ，カ，キ／イ，ウ，カ，キ／イ，エ，カ，キ／ウ，エ，カ，キのいずれかである。

《解答例》

1. テーマ…みんなでお祭りに参加しよう　　(例文)私は、資料2にある「伝統文化を守ること」のために、地域のお祭りへの参加を提案します。なぜなら、資料3から、地域で受けつがれてきた行事を知っている若者が少ないと分かったからです。高齢者から、地域の伝統文化についてお話をうかがえば、世代をこえたつながりや相互理解を深めることができると思います。また、外国人移住者に伝統文化を発信するきっかけにもなると思います。

2. (例文)家庭内の生鮮魚かい類の消費量が減って、購入量も減り続けている。それにともなって、漁業・養しょく業の生産量も減ってしまった。解決策として、水産物のブランド化の取組が進められた結果、付加価値が向上して単価が高くなったので、二〇一一年以降の漁業・養しょく業の生産額は減少から増加に転じた。

3. 1．重症の結核患者であるおばあさんを治療するためには、山の上の病院に運ばなくてはならないが、そこまでは歩いて何日もかかる上に、おばあさんは歩けないから。

  2．(例文)

　　筆者が考える「すばらしい生き方」は、人と人とが信じ合い、助け、助けられ、命を分かち合いながら生きていくことに、生きがいを見出すというものである。

　　母は、近所の農家がいそがしい時期に、よく農作業を手伝いに行く。数年前、大雨で私の家がしん水した時には、その農家の人が毎日来て、片付けやそうじを手伝ってくれたので、とても助かった。だから私は、おたがいが困っている時に助け合う関係がすばらしいと考える。

《解　説》

2. 資料1より，日本の漁業・養しょく業の生産量は減り続けているにもかかわらず，生産額は2011年から2016年にかけて増えていることがわかる。資料2より，家庭における生鮮魚かい類の購入量は減り続けているにもかかわらず，購入金額はほとんど変化がないことがわかる。以上のことから，水産物のブランド化が進められ，単価が高くなったことを導き出せる。水産物のブランド化の例には，愛媛県の「伊予の媛貴海」「みかんブリ」「チョコブリ」などがある。

3. 1　1〜3行前を参照。「(重症な結核)患者のおばあさんは歩けない」にもかかわらず，「治療をするためには，山の上の病院に運ばなくては」ならず，「そこまでは歩いて何日もかかる」ことが，岩村さんが困り果てた理由である。

　2　「すばらしい生き方」は，直前の段落の内容を指している。「サンガイ　シウメ　コラギ」という「『自分より弱い者を助けることこそが命を分かち合うことである』という考え方」が浸透しており，「人々が助け，助けられ，命を分かち合いながら生きていくことに生きがいを見出している」という生き方である。また，傍線部②の後で，「『サンガイ　シウメ　コラギ』の精神の根底には，人と人とが信じ合う気持ちが強くあるように思います」とも述べている。

《解答例》

1　表…右表　[順位，勝ち点の合計]　A．[2，7]　B．[4，4]　C．[3，5]

　　D．[5，2]　E．[1，7]

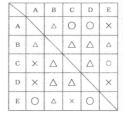

	A	B	C	D	E
A	＼	△	○	○	×
B	△	＼	△	△	△
C	×	△	＼	△	○
D	×	△	△	＼	×
E	○	△	×	○	＼

2　使うもの…袋を開ける前の使い捨てカイロ／集気びん／集気びんのふた／酸素用検知管／

　　気体採取器　実験の方法…気体採取器と酸素用検知管を使って，集気びんの中の酸素

　　の割合を調べた後，集気びんの中に使い捨てカイロの中身を入れ，ふたをする。集気びん

　　の側面にそっとふれ，温かくなったことを確認する。しばらくして，集気びんの側面が冷たくなったら，再び集気

　　びんの中の酸素の割合を調べる。

3　①C，D，E，×　②A，H，G，×　③B，F，×，×

　　考え方…10人での清掃時間は20人のときの2倍，15人での清掃時間は20人のときの$\frac{4}{3}$倍かかる。

　　集会所から遠い場所Eと場所Dの清掃に15人のグループが行くと，集会所を出発してから戻ってくるまでに

　　$3＋1＋4＋3＋3＋4＋1＋3＋(12＋21)×\frac{4}{3}＝22＋44＝66$（分）かかる。あと$90－66＝24$（分）あるから，さらに

　　場所Cで$18×\frac{4}{3}＝24$（分）清掃することができる。場所Gと場所Fは集会所から近いが清掃に時間がかかるので，別

　　のグループが清掃すると考える。場所Bと場所Fの清掃に10人のグループが行くと，集会所を出発してから戻って

　　くるまでに$3＋3＋3＋3＋(12＋24)×2＝12＋72＝84$（分）かかる。残りの場所Aと場所Hと場所Gの清掃に15人

　　のグループが行くと，集会所を出発してから戻ってくるまでに$3＋3＋7＋3＋3＋(18＋9＋24)×\frac{4}{3}＝19＋68＝$

　　87（分）かかる。

4　くぎの直径がそれぞれ同じアとイとオ，ウとカとキ，エとクとケの持ち上げたクリップの数の平均は，導線をまく

　　幅がせまいほど多いから，電磁石を強くするには導線をまく幅をせまくすればよい。〔別解〕導線をまく幅がそれ

　　ぞれ同じアとウとエ，イとカとク，オとキとケの持ち上げたクリップの数の平均は，くぎの直径が大きいほど多い

　　から，電磁石を強くするには，くぎの直径を大きくすればよい。

5　苗と苗の間かく…16　追加する苗の本数…97

　　考え方…一番上の苗から一番下の苗までの長さは$232－20×2＝192$（cm），一番左から一番右の苗までの長さは

　　$328－20×2＝288$（cm）だから，苗と苗の間かくは192cmと288cmの公約数である。192と288の最大公約数は96

　　だから，192と288の公約数のうち，15以上の数は，16，24，32，48，96である。これより，苗と苗の間かくを

　　16cmとすると，苗は縦に$192÷16＋1＝13$（本），横に$288÷16＋1＝19$（本）並べられるから，苗は全部で$13×19＝$

　　247（本）必要となる。よって，追加する苗の本数は$247－150＝97$（本）である。

《解　説》

1　AチームとEチームはこれまでの試合で勝っていないので，これ以降の試合でできるだけ勝って勝ち点を増やさ

　　なければならない。したがって，AチームもEチームも，Aチーム対Eチームの試合以外は

　　勝ったとすると，右表のようになる。ここまでの勝ち点は，Aチームが$1＋3＋3＝7$（点），

　　Bチームが$1＋1＝2$（点），Cチームが$0＋3＝3$（点），Dチームが$0＋0＝0$（点），Eチ

　　ームが$1＋0＋3＝4$（点）となる。ここまでで，Aチームは上位2チームに入れそうだが，

　　Eチームは勝ち点が4点では足りなそうなので，Aチーム対Eチームの試合では，Eチーム

	A	B	C	D	E
A	＼	△	○	○	
B	△	＼			△
C	×		＼		○
D	×			＼	×
E		△	×	○	＼

が勝って，Aチームが負けたとすると，AチームとEチームのすべての試合が終わったときの勝ち点は，Aチームが7点，Eチームが4＋3＝7（点）となる。このとき，AチームとEチームが1位，2位であるとすると，Aチーム対Eチームの試合でEチームが勝っているので，1位はEチーム，2位はAチームとなる。また，Bチーム，Cチーム，Dチームの勝ち点が6点以下となるようにしたいので，この3チームの試合をすべて引き分けにすると，3チームの勝ち点の伸びがおさえられ，解答例のように条件に合う試合結果となる。

また，Aチーム，Eチームの試合結果が解答例と同じとき，Bチーム，Cチーム，Dチームの試合結果は他にも右表iなどがあり，Aチーム，Eチームの試合結果が解答例と異なるときは右表iiがある。

なお，2チームの勝ち点が同じであるときは，その2チームの試合結果は引き分け以外でなければならず，3チームの勝ち点が同じになってはいけないことに注意する。

表i

	A	B	C	D	E	勝ち点	順位
A		△	○	○	×	7点	2位
B	△		×	×	△	2点	5位
C	×	○		×	○	6点	4位
D	×	○	○		×	6点	3位
E	○	△	×	○		7点	1位

表ii

	A	B	C	D	E	勝ち点	順位
A		△	○	△	×	5点	2位
B	△		△	△	△	4点	4位
C	×	△		△	○	5点	3位
D	△	△	△		×	3点	5位
E	○	△	×	○		7点	1位

2　「酸素が使われたので使い捨てカイロが温かくなった」ことを確かめる実験を考える。酸素用検知管は酸素の割合が24％までしか調べられないので，集気びんの中の酸素の割合をあまり高くしすぎても意味がなく，酸素のボンベを使って酸素の割合を高くする必要はない（空気中の酸素の割合は約21％である）。また，温度計を差しこむために集気びんのふたをずらすと気体が出入りしてしまう。ここでは集気びんの側面にふれて温かくなっていることを確認すれば十分である。ただし，使い捨てカイロの中身を直接空気にふれさせると，反応が一気に進み，温度が高くなりすぎることがあるので，やけどには十分に注意する。冷たくなった（反応が終わった）後の酸素の割合が，はじめに調べた酸素の割合より小さくなっていれば，「酸素が使われたので使い捨てカイロが温かくなった」ことが確かめられる。

3　まず，はじめに愛さんがまとめた地図に15人のグループ，10人のグループが清掃をした場合にかかる時間をかきこむと考えやすい。清掃にかかる時間についての愛さんの説明から，清掃にかかる時間は人数に反比例するとわかる。人数が15人のグループは，人数が20人の$\frac{15}{20}＝\frac{3}{4}$（倍）だから，清掃にかかる時間は$\frac{4}{3}$倍になり，人数が10人のグループは，人数が20人の$\frac{10}{20}＝\frac{1}{2}$（倍）だから，清掃にかかる時間は$\frac{2}{1}＝2$（倍）になる（右図参照）。

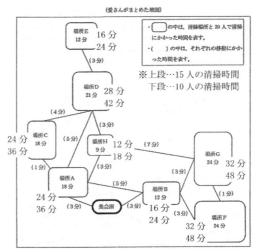

それぞれのグループの移動時間の合計が長くなると，清掃にかけられる時間が減ってしまうので，近い場所どうしはできるだけ同じグループが清掃し，遠くに行くグループは，時間があればその移動途中にある清掃場所も清掃すると考えていくとよい。したがって，場所Eと場所Dは1つのグループが清掃すればよいと考えられる。場所Eと場所Dを，15人のグループが清掃すると集会所に戻るまでに66分かかり，10人のグループが清掃すると集会所に戻るまでに88分かかる。場所Eと場所Dを15人のグループが清掃すると，時間内に移動途中の場所Cまたは場所Aも清掃できる。場所Cの方が場所Eと場所Dに近いので，このグループは場所Cと場所Dと場所Eを清掃できる。

場所Gと場所Fは清掃時間が長いので，両方を１つのグループが清掃する場合，15人のグループでなければならない。２つのグループがそれぞれ清掃する場合，場所Bと場所Fを10人のグループが清掃するのがよいと考えられ，かかる時間は84分である。このように，15人のグループ，10人のグループが行う清掃場所の組み合わせと時間をそれぞれいくつか考えていくと，解答例のような順に清掃をすればよいとわかる。

なお，①，②，③の清掃場所の組み合わせが同じで最短で回れれば，順番は違ってもよく，①と②の組み合わせは逆でもよい。

4 　表より，それぞれが持ち上げたクリップの数の平均を求めると，アが４個，イが８個，ウが９個，エが 14 個，オが 12 個，カが 15 個，キが 19 個，クが 20 個，コが 26 個となる。ある条件が結果にどのような影 響 をあたえているかを調べるには，その条件以外をまったく同じにして結果を比べればよい。したがって，くぎの直径による影響を調べたければ，導線をまく幅が同じものを比べればよいし，導線をまく幅による影響を調べたければ，くぎの直径が同じものを比べればよい。

5 　最大公約数を求めるときは，右の筆算のように割り切れる数で次々に割っていき，割った数をすべてかけあわせればよいから，192 と 288 の最大公約数は $2 \times 2 \times 2 \times 2 \times 2 \times 3 = 96$ である。

$96 = 1 \times 96 = 2 \times 48 = 3 \times 32 = 4 \times 24 = 6 \times 16 = 8 \times 12$ だから，192 と 288 の公約数は， 1 ， 2 ， 3 ， 4 ， 6 ， 8 ， 12 ， 16 ， 24 ， 32 ， 48 ， 96 である。

```
2) 192 288
2) 96 144
2) 48 72
2) 24 36
2) 12 18
3) 6  9
   2  3
```

なお，苗と苗との間かくを 24 cmにすると，苗は縦に $192 \div 24 + 1 = 9$ (本)，横に $288 \div 24 + 1 = 13$(本)並べられ，全部で $9 \times 13 = 117$(本) 植えられる。このとき，もらった苗が余ってしまい条件に合わない。

《解答例》

1　(例文)私は、資料2にある「他の人との違いを受け入れ、個性を認め合う関係をつくること」のために、地域で活躍している人との交流会を提案します。なぜなら、資料1から、そのような人との交流が少ないことが分かったからです。自分の個性を伸ばして活躍している人を学校にお招きし、お話をうかがえば、個性を認め合い、おたがいの良さを伸ばし合うきっかけになると思います。また、自分の未来につながるヒントも得られると思います。

2　(例文)かつて海岸近くまで山がせまっていたA町は、平地がほとんどなかったので、米作りは行われず果樹栽培が行われていました。そこで1950年代に海を陸地にして、米を生産するための工事が始められました。しかし、食の多様化によって米の消費量が減り、政府による減反政策が1970年から始まったために、工事後の土地利用は田から畑に変更されました。1990年ごろに工事が完成し、今では、トマトやサラダ菜などの野菜を栽培する畑が広がっています。

3　1．すでに人気を博している同じ分野の天才が大勢いたため、当時の漫画界に自分の活躍する余地がなかったということ。

　　2．(例文)

　　　筆者は、チャンスが訪れなくてもあきらめずに努力を続ければ、いつかは花開くと伝えようとしている。

　　　私はピアノを習っている。練習がいやになり、やめたいと思うこともあった。しかし、がんばって続けていたところ、五年生の音楽会でピアノのばん奏をすることになり、とてもうれしかった。筆者の考えは、「雨垂れ石をうがつ」ということわざに通じ、チャンスに恵まれず弱気になっている人に、勇気をあたえると思う。

《解　説》

1　資料2の①は，資料1の「将来の夢や目標はかなうと思います」「何かをするとき～途中でやり方に工夫を加えたりしています」と，資料2の②～④は，資料1の「夢や目標について地域や社会で活躍している人と交流することがあります」と関連づけると書きやすい。

2　資料1で等高線付近に果樹園(○)が多いことを読み取り，資料2の「1950年より前のA町は，島で果物の生産がさかんに行われていた」に関連付ければ，かつてA町の主産業は山の斜面での果樹栽培だったと導き出せる。さらに，資料1で畑(✓)が多いことを読み取り，資料2の「1950年ごろ…米をたくさん生産する計画」「1970年ごろ…土地利用について…異なる計画に変更した」「現在…トマトやサラダ菜などの野菜の生産を始めた」に関連付ければ，当初は米の収穫量を増やす計画を進めていたが，米の作付面積を減らす減反政策が実施され，その後野菜畑の面積を増やす転作が奨励されてきたと導きだせる。なお，減反政策は2018年に廃止された。

3　1　直前に「そもそも漫画家になりたいと焦ってみたところで，手塚治虫や石ノ森章太郎のような天才がひしめいていた当時の漫画界に」とあること，「席が空いたこと」を「アンパンマンがヒットしたこと」だと言っていることから考える。

　2　「あるとき目の前の席が空いた」は，他にたくさんの人気漫画家がいてもあきらめずに漫画を描き続けていたら，ある日，自分の作品が認められたということ。このことと，最後の「七十を過ぎるまで漫画家としての代表作がなく，人々の活躍を目で追いながら立ち続けていたことも，今から思えば，アンパンマンに出会い，それを育てるための大切な準備期間だったのかもしれません」などから，物事をあきらめずに続けることの大切さを伝えようとしていると考えられる。

《解答例》

1　ふくろに空気を入れ，気体検知管で酸素と二酸化炭素の割合を調べる。ふくろの中にインゲンマメの発芽した種子を入れ密閉する。しばらくしたら再び気体検知管でふくろの中の酸素と二酸化炭素の割合を調べ，それぞれの気体の割合がどのように変化したか確かめる。

2　握力／3kg／2kg／2kg／1kg　　考え方…4人の4種目の1回目の得点の合計は，29＋32＋28＋27＝116（点）で，2回目の得点の合計の目標は，30×4＝120（点）だから，4人で120－116＝4（点）あげればよく，1人あたり4÷4＝1（点）あげればよい。握力の得点を1点あげるように記録をのばすのが4人全員にとって，もっとも難しくなさそうなので，明夫くんは26－23＝3（kg），強志くんは20－18＝2（kg），高子さんは19－17＝2（kg），裕子さんは16－15＝1（kg），1回目の記録よりのばせばよいと考えられる。

3　(導線の図)

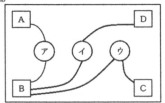

(結果)

かん電池をたんしAとBにつないだとき（　ア　）が光る。
かん電池をたんしAとCにつないだとき（　アとウ　）が光る。
かん電池をたんしAとDにつないだとき（　アとイ　）が光る。
かん電池をたんしBとCにつないだとき（　ウ　）が光る。
かん電池をたんしBとDにつないだとき（　イ　）が光る。
かん電池をたんしCとDにつないだとき（　イとウ　）が光る。

4　A駅　→　（　D駅　）　→　（　×　）　→　H駅
　　〔　地下鉄　〕　　〔　路面電車　〕　　〔　×　〕

合計時間…49　合計運賃…530

求めた式…（6＋14＋4）÷60×60＋1＋（6＋10）÷40×60＝49（分）

360＋170＝530（円）

〔別解〕

A駅　→　（　B駅　）　→　（　F駅　）　→　H駅
　　〔　地下鉄　〕　　〔　電車　〕　　〔　路面電車　〕

合計時間…50　合計運賃…590

求めた式…6÷60×60＋3＋20÷80×60＋2＋（6＋10）÷40×60＝50（分）

210＋210＋170＝590（円）

5　見分けるために使う道具など…メスシリンダー，蒸発皿，実験用ガスコンロ，電子てんびん

見分ける手順と結果…3つのビーカーからメスシリンダーを使って同じ体積の水よう液をはかりとる。はかりとった水よう液をそれぞれ蒸発皿に入れて，実験用ガスコンロで加熱して，水を蒸発させる。出てきた固体の重さを電子てんびんではかる。出てきた固体の重さが最も重い水よう液が，最も多くのミョウバンがとけている水よう液である。

6

	高さ(cm)	文庫本(冊)	辞書(冊)	教科書(冊)	図鑑(冊)	参考書(冊)	時計(個)
お兄さんの本を入れる場所 A	15	20					
勝くんの本を入れる場所 B	29		0	0	1	5	1
勝くんの本を入れる場所 C	29		3	11	4	0	0

《解　説》

1　インゲンマメの発芽した種子が酸素を取り入れて二酸化炭素を出しているとすれば，酸素の割合は小さくなり，二酸化炭素の割合は大きくなる。解答例の他に，インゲンマメの発芽した種子が呼吸をする前の空気では火のついたろうそくがしばらく燃え続け，呼吸をした後の空気では火のついたろうそくを入れるとすぐに火が消えることを確かめれば酸素を取り入れたことがわかる。また，インゲンマメの発芽した種子が呼吸をする前の空気では石灰水が白くにごらないが，呼吸をした後の空気では石灰水が白くにごることを確かめれば二酸化炭素を出したことがわかる。

2　1回目の記録の得点は，右表1のようになり，4人の得点の合計は，29＋32＋28＋27＝116（点）である。目標は4人の平均点を30点以上にすることだから，4人の得点の合計が30×4＝120（点）となればよい。したがって，4人で合計点を

120－116＝4（点）あげればよく，4人が同じ得点だけ増えるようにするから，1人あたり，4÷4＝1（点）ずつあげればよい。4人がそれぞれの種目で1点あげるためにのばす記録は，右表2のようになる。

表1

	握力	50m走	立ち幅とび	ソフトボール投げ	合計
明夫くん	9点	7点	6点	7点	29点
強志くん	7点	9点	9点	7点	32点
高子さん	7点	7点	6点	8点	28点
裕子さん	6点	7点	7点	7点	27点

表2

	握力	50m走	立ち幅とび	ソフトボール投げ
明夫くん	3kg	0.3秒	1cm	6m
強志くん	2kg	0.4秒	12cm	5m
高子さん	2kg	0.3秒	1cm	4m
裕子さん	1kg	0.5秒	10cm	3m

このうち1種目を選んで解答を書けばよいが，どのように考えてその種目を選んだかを書く。

表2より，立ち幅とびで1点あげるためには，明夫くんと高子さんは1cmだけ記録をのばせばよいが，強志くんと裕子さんは10cm以上記録をのばす必要があり，限られた時間でこれだけの記録をのばすのは困難であるし，強志くんと裕子さんの2人に負担がかたよってしまうので，立ち幅とびは選ばない方がよいであろう。50m走で全員が0.3秒以上記録をのばすのも困難と考えられるので，50m走は選ばない方がよいであろう。

握力は筋力をあげることで確実にのばすことができ，4人ののばす記録が近いので，1点ずつあげられる可能性がある。ソフトボール投げは，4人ののばす記録がやや長いが，より遠くに投げられる投げ方を身につけるだけで，記録がのびる可能性がある。したがって，握力，ソフトボール投げのどちらかを選ぶのがよいであろう。

3　3つの豆電球のうち1つまたは2つ光るときの光り方は，ア，イ，ウのそれぞれが1つだけ光る3通りと，アとイ，アとウ，イとウの組み合わせで2つ光る3通りある。これらの6通りのうち，アだけが光るときの導線のつなぎ方がすでにかかれているから，残りの5通りの光り方になるように，4本の導線のつなぎ方を考えればよい。豆電球と豆電球をつながないこと，豆電球3つが光るようなつなぎ方にならないようにすることなどに注意しよう。

4　時間より運賃の方が計算しやすいので，まずA駅からH駅まで600円以内で行ける行き方を探し，その行き方での時間の合計が50分以内となるか考える。

乗りかえが少ない方が簡単で，余計な乗りつぎ時間も減らせるので，はじめに乗った地下鉄をD駅かE駅で乗りかえる場合から考える。

A駅からE駅まで地下鉄，E駅からH駅までバスで行くと，運賃が360＋250＝610（円）となり，条件に合わない。

A駅からD駅まで地下鉄，D駅からH駅まで路面電車で行くと，運賃が360＋170＝530（円）となり，条件に合う。この場合のかかる時間は，地下鉄の移動が

(6＋14＋4)÷60×60＝24（分），D駅での乗りつぎが1分，路面電車の移動が

(6＋10)÷40×60＝24（分）だから，合計24＋1＋24＝49（分）で，条件に合う。

なお，解答例で示したように，B駅で電車に乗りかえ，それからF駅で路面電車に

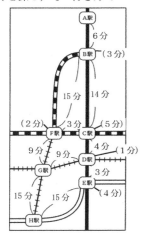

乗りかえた場合も，条件に合う。図は，移動の時間や乗りつぎ時間を参考のためにまとめたものである(カッコ内の時間は各駅でかかる乗りつぎ時間)。

⑤ 解答例の他にも，次のような方法でも見分けることができる。水の量が同じであることに着目すれば，(同じ場所に置かれているから温度は同じだと考えられ)ミョウバンがとける限度の量は同じだから，さらにミョウバンをとかしていき，とけ残りが出るまでにとけたミョウバンの量が最も少なかった水よう液が，最も多くのミョウバンがとけていた水よう液だとわかる。また，温度が下がるとミョウバンがとける量は少なくなるから，水よう液の温度をゆっくり下げていったとき，最も高い温度でミョウバンの固体が出てきた水よう液が，最も多くのミョウバンがとけていた水よう液だとわかる。

⑥ 【新しい本だなの図】より，A＋B＋C＝75－1×2＝73(cm)とわかる。一番上には，お兄さんが文庫本を20冊入れるから，高さAは文庫本の高さ14cmより長ければよいから，A＝14cmとすると，B＋C＝73－14＝59(cm)となる。このときBとCの高さが等しいとすると，B＝C＝59÷2＝29.5(cm)となり，勝くんが入れる本の中で，もっとも高さの高い図鑑が真ん中にも一番下にも入るとわかる(解答では，高さの余りが同じになるように，A＝15cm，B＝C＝29cmとした)。

辞書3冊の幅の合計は4.5×3＝13.5(cm)，教科書11冊の幅の合計は1.2×11＝13.2(cm)，図鑑5冊の幅の合計は3.5×5＝17.5(cm)，参考書5冊の幅の合計は3×5＝15(cm)だから，勝くんが入れるものの幅の合計は13.5＋13.2＋17.5＋15＋22.5＝81.7(cm)である。したがって，真ん中と一番下の幅の余りは41×2－81.7＝0.3(cm)しかないので，できるだけぴったり入れることを考える。

真ん中は時計以外の幅の合計が41－22.5＝18.5(cm)だから，幅の合計が18.5cmとなる組み合わせを探すと，参考書5冊(15cm)と図鑑1冊(3.5cm)が見つかる。よって，真ん中には，図鑑1冊，参考書5冊，時計1個を入れ，一番下には，辞書3冊，教科書11冊，図鑑4冊を入れる。なお，解答は他にもいくつか考えられ，右表はその一例である。

	高さ(cm)	文庫本(冊)	辞書(冊)	教科書(冊)	図鑑(冊)	参考書(冊)	時計(個)
お兄さんの本を入れる場所	A 15	20					
勝くんの本を入れる場所	B 28		3	4	0	0	1
勝くんの本を入れる場所	C 30		0	7	5	5	0

《解答例》

1　(例文)

　省エネルギーの取組状況や活動に関するアンケートの結果から、家庭で節電に取り組んでいる人がいることがわかりました。私は、環境にやさしい生活を送るために、学校でも節電に取り組むことを提案します。たとえば、晴れた日は教室の窓側の照明を消す、最後に教室を出る人が教室の照明を消す、授業中はろうかの照明を消すといった活動を考えています。どれも簡単に取り組むことができると思いますが、いかがでしょうか。

2　江戸幕府は、諸大名の領地支配を認めるかわりに、きびしいきまりを守らせることで全国を支配した。きまりの内容は、大名の勢力を拡大させないためのもので、違反した大名は、小さな領地にかえられたり、藩をとりつぶされたりした。過去に活躍した大名であっても、きまりを守らなければ処分の対象となった。また、大名が江戸と領地に一年おきに住むことを義務づけた参勤交代にかかる費用は、藩の支出の半分以上を占め、遠国に配置された外様大名にとって、参勤交代は藩の財政を圧迫するものだった。

3　1．方言、標準語、敬語、女性語など、複数の言葉を複雑に使い分けられること。

　2．(例文)

　　筆者が考える「非常におもしろいものにしてくれている」こととは、日本語が相手との関係や自分の立場によって、言葉を使い分ける言語であることだ。

　　私の生活を非常におもしろいものにしてくれていることは、いろいろな友だちがいることだ。学校の休み時間にサッカーをする友だちや、好きなテレビ番組の話で盛り上がる友だち、放課後にゲームをする友だちがいることで、毎日楽しく過ごすことができるからだ。

《解　説》

1　「テーマにそって，学校内でどのような活動をするのか」を説明する作文。まず，「地球温暖化を防止するために，みんなで環境にやさしい生活を送ろう」がテーマであるから，地球温暖化防止につながる取り組みを考えよう。地球温暖化に一番大きく影響するのは，二酸化炭素が増えすぎること。二酸化炭素は，石油や石炭などの化石燃料を燃やす時に大量に出るので，それを減らす方法を考えるとよい。たとえば，電気のむだづかいに気をつける，近いきょりの移動に自動車を使わない，燃やすゴミを減らす，リサイクルを心がけるなどが考えられる。または，植物(＝二酸化炭素を吸収する)を大切に育てることなどでもよいだろう。ただし，「みんなで」「学校内で」できることにすること。その際にふまえるのが，資料。「省エネルギーに取り組んでいない，または，あまり取り組んでいない理由」の解決方法になることを意識すると，「みんなで」につながる。また，家庭での具体的な取り組みを参考にすると，「学校内で」できることが想像できるだろう。学級委員会で発表する原稿なので，聞いている人にとってわかりやすい構成，表現を心がけよう。

2　資料2のきまりは武家諸法度である。城の修理や大名家同士の結婚は戦争への備えであり，幕府に敵対する行為とみなされたため禁じられた。武家諸法度に違反した大名は，たとえ長く仕えていた者や多くの貢献をした者であっても厳しく処罰され，とくに，参勤交代の制度を追加した徳川家光の時代は武力によって大名を制圧したので，取りつぶされる大名の数が多かった(武断政治)。参勤交代にかかる費用や江戸で命じられる御手伝普請(城の修築な

ど)のために藩の財政は苦しくなり，とりわけ外様大名(関ヶ原の戦い前後に徳川氏に従った大名)は江戸から最も遠ざけられていたため，その負担が大きかった。

3 1　「語学の天才」は，本文1行目にも「日本人は語学の天才ですね」と出てくる。これは「日本人はいろいろな人と，違った言葉で話す〜使い分けている」という意味で言われたもの。2〜3段落目に出てくる具体例を見てみよう。同じ意味のことを言うときに，「そぎゃんこと〜よかたい」「そんな馬鹿なこと〜あるもんか」「さようなこと〜でしょうか」といった違いがある，つまり，方言と標準語，敬語では全然違う表現をするということ。また，「知りませんわ」のような「女性語」もある。このように，違った言葉を使いこなし，複雑に言い方を分けることができることを「語学の天才」だと言っている。　2　筆者が考える「私たちの生活を非常におもしろいものにしてくれている」ことは，傍線部②の直前の「日本語がそういうことができる言語だということ」である。「そういうこと」がどういうことなのかを読み取ってまとめる。ここまでの本文で述べられたことをふりかえろう。「九州出身の人」が「郷里にいる弟」と話すときと「東京で親しくなった友達」と話すときと「上役の社長」と話すときでは全然違う言い方をすること(＝相手によって使う言葉を変えること)，落語において「ト書きを入れなくても，おかみさんのせりふか，大家のせりふか，店子のせりふかわかる」こと(＝立場によって使う言葉が違うこと)が書かれている。つまり，日本語が，相手との関係や自分の立場によって言葉を使い分ける言語であることが，生活をおもしろくするということ。バラエティーにとんだ(多様な)表現があること，つまり，表現の豊かさのことを言っているので，第二段落でも，一つの種類だけではなくいろいろな種類があることでおもしろさが増していることがらを取り上げるとよい。

■ ご使用にあたってのお願い・ご注意

（1）問題文等の非掲載

著作権上の都合により，問題文や図表などの一部を掲載できない場合があります。

誠に申し訳ございませんが，ご了承くださいますようお願いいたします。

（2）過去問における時事性

過去問題集は，学習指導要領の改訂や社会状況の変化，新たな発見などにより，現在とは異なる表記や解説になっている場合があります。過去問の特性上，出題当時のままで出版していますので，あらかじめご了承ください。

（3）配点

学校等から配点が公表されている場合は，記載しています。公表されていない場合は，記載していません。

独自の予想配点は，出題者の意図と異なる場合があり，お客様が学習するうえで誤った判断をしてしまう恐れがあるため記載していません。

（4）無断複製等の禁止

購入された個人のお客様が，ご家庭でご自身またはご家族の学習のためにコピーをすることは可能ですが，それ以外の目的でコピー，スキャン，転載（ブログ，ＳＮＳなどでの公開を含みます）などをすることは法律により禁止されています。学校や学習塾などで，児童生徒のためにコピーをして使用することも法律により禁止されています。

ご不明な点や，違法な疑いのある行為を確認された場合は，弊社までご連絡ください。

（5）けがに注意

この問題集は針を外して使用します。針を外すときは，けがをしないように注意してください。また，表紙カバーや問題用紙の端で手指を傷つけないように十分注意してください。

（6）正誤

制作には万全を期しておりますが，万が一誤りなどがございましたら，弊社までご連絡ください。

なお，誤りが判明した場合は，弊社ウェブサイトの「ご購入者様のページ」に掲載しておりますので，そちらもご確認ください。

■ お問い合わせ

解答例，解説，印刷，製本など，問題集発行におけるすべての責任は弊社にあります。

ご不明な点がございましたら，弊社ウェブサイトの「お問い合わせ」フォームよりご連絡ください。迅速に対応いたしますが，営業日の都合で回答に数日を要する場合があります。

ご入力いただいたメールアドレス宛に自動返信メールをお送りしています。自動返信メールが届かない場合は，「よくある質問」の「メールの問い合わせに対し返信がありません。」の項目をご確認ください。

また弊社営業日（平日）は，午前９時から午後５時まで，電話でのお問い合わせも受け付けています。

2025 春

株式会社教英出版

〒422-8054　静岡県静岡市駿河区南安倍３丁目 12-28

TEL　054-288-2131　　FAX　054-288-2133

URL　https://kyoei-syuppan.net/

MAIL　siteform@kyoei-syuppan.net

教英出版の中学受験対策

中学受験面接の基本がここに！
知っておくべき面接試問の要領

面接試験に，落ち着いて自信をもってのぞむためには，あらかじめ十分な準備をしておく必要があります。面接の心得や，受験生と保護者それぞれへの試問例など，面接対策に必要な知識を1冊にまとめました。

- 面接の形式や評価のポイント，マナー，当日までの準備など，面接の基本をていねいに指南「面接はこわくない！」
- 書き込み式なので，質問例に対する自分の答えを整理して本番直前まで使える
- ウェブサイトで質問音声による面接のシミュレーションができる

定価：**770**円（本体700円＋税）

入試テクニックシリーズ

必修編

基本をおさえて実力アップ！
1冊で入試の全範囲を学べる！
基礎力養成に最適！

こんな受験生には必修編がおすすめ！

- 入試レベルの問題を解きたい
- 学校の勉強とのちがいを知りたい
- 入試問題を解く基礎力を固めたい

定価：**1,100**円（本体1,000＋税）

発展編

応用力強化で合格をつかむ！
有名私立中の問題で
最適な解き方を学べる！

こんな受験生には発展編がおすすめ！

- もっと難しい問題を解きたい
- 難関中学校をめざしている
- 子どもに難問の解法を教えたい

定価：**1,760**円（本体1,600＋税）

絶賛販売中！

詳しくは教英出版で検索

| 教英出版 | 検索 |

URL https://kyoei-syuppan.net/

教英出版の親子で取りくむシリーズ

公立中高一貫校とは？適性検査とは？
受検を考えはじめた親子のための
最初の１冊！

「概要編」では公立中高一貫校の仕組みや適性検査の特徴をわかりやすく説明し，「例題編」では実際の適性検査の中から，よく出題されるパターンの問題を厳選して紹介しています。実際の問題紙面も掲載しているので受検を身近に感じることができます。

- 公立中高一貫校を知ろう！
- 適性検査を知ろう！
- 教科的な問題〈適性検査ってこんな感じ〉
- 実技的な問題〈さらにはこんな問題も！〉
- おさえておきたいキーワード

定価：**1,078**円（本体980＋税）

適性検査の作文問題にも対応！
「書けない」を「書けた！」に
導く合格レッスン

「実力養成レッスン」では，作文の技術や素材の見つけ方，書き方や教え方を対話形式でわかりやすく解説。実際の入試作文をもとに，とり外して使える解答用紙に書き込んでレッスンをします。赤ペンの添削例や，「添削チェックシート」を参考にすれば，お子さんが書いた作文をていねいに添削することができます。

- レッスン１ 作文の基本と，書くための準備
- レッスン２ さまざまなテーマの入試作文
- レッスン３ 長文の内容をふまえて書く入試作文
- 実力だめし！入試作文
- 別冊「添削チェックシート・解答用紙」付き

定価：**1,155**円（本体1,050＋税）

絶賛販売中！

詳しくは教英出版で検索

| 教英出版 | 検索 |

URL https://kyoei-syuppan.net/

教英出版 2025年春受験用 中学入試問題集

東京都 ⑬ 開成中学校
2025年度受験用 入学試験問題集
過去6年分

神奈川県 ⑥ 浅野中学校
2025年度受験用 入学試験問題集
過去5年分

兵庫県 ⑨ 灘中学校
2025年度受験用 入学試験問題集
過去6年分

鹿児島県 ④ ラ・サール中学校
2025年度受験用 入学試験問題集
過去7年分

学 校 別 問 題 集
★はカラー問題対応

北 海 道
① [市立]札幌開成中等教育学校
② 藤 女 子 中 学 校
③ 北 嶺 中 学 校
④ 北 星 学 園 女 子 中 学 校
⑤ 札 幌 大 谷 中 学 校
⑥ 札 幌 光 星 中 学 校
⑦ 立 命 館 慶 祥 中 学 校
⑧ 函 館 ラ・サール 中 学 校

青 森 県
① [県立]三本木高等学校附属中学校

岩 手 県
① [県立]一関第一高等学校附属中学校

宮 城 県
① [県立]宮城県古川黎明中学校
② [県立]宮城県仙台二華中学校
③ [市立]仙台青陵中等教育学校
④ 東 北 学 院 中 学 校
⑤ 仙 台 白 百 合 学 園 中 学 校
⑥ 聖 ウ ル ス ラ 学 院 英 智 中 学 校
⑦ 宮 城 学 院 中 学 校
⑧ 秀 光 中 学 校
⑨ 古 川 学 園 中 学 校

秋 田 県
① [県立]
大館国際情報学院中学校
秋田南高等学校中等部
横手清陵学院中学校

山 形 県
① [県立]
東桜学館中学校
致道館中学校

福 島 県
① [県立]
会 津 学 鳳 中 学 校
ふたば未来学園中学校

茨 城 県
① [県立]
日立第一高等学校附属中学校
太田第一高等学校附属中学校
水戸第一高等学校附属中学校
鉾田第一高等学校附属中学校
鹿島高等学校附属中学校
土浦第一高等学校附属中学校
竜ヶ崎第一高等学校附属中学校
下館第一高等学校附属中学校
下妻第一高等学校附属中学校
水海道第一高等学校附属中学校
勝 田 中 等 教 育 学 校
並 木 中 等 教 育 学 校
古 河 中 等 教 育 学 校

栃 木 県
① [県立]
宇都宮東高等学校附属中学校
佐野高等学校附属中学校
矢板東高等学校附属中学校

群 馬 県
①
[県立]中 央 中 等 教 育 学 校
[市立]四ツ葉学園中等教育学校
[市立]太 田 中 学 校

埼 玉 県
① [県立]伊 奈 学 園 中 学 校
② [市立]浦 和 中 学 校
③ [市立]大 宮 国 際 中 等 教 育 学 校
④ [市立]川口市立高等学校附属中学校

千 葉 県
① [県立]
千 葉 中 学 校
東 葛 飾 中 学 校
② [市立]稲毛国際中等教育学校

東 京 都
① [国立]筑波大学附属駒場中学校
② [都立]白鷗高等学校附属中学校
③ [都立]桜修館中等教育学校
④ [都立]小石川中等教育学校
⑤ [都立]両国高等学校附属中学校
⑥ [都立]立川国際中等教育学校
⑦ [都立]武蔵高等学校附属中学校
⑧ [都立]大泉高等学校附属中学校
⑨ [都立]富士高等学校附属中学校
⑩ [都立]三 鷹 中 等 教 育 学 校
⑪ [都立]南多摩中等教育学校
⑫ [区立]九 段 中 等 教 育 学 校
⑬ 開 成 中 学 校
⑭ 麻 布 中 学 校
⑮ 桜 蔭 中 学 校
⑯ 女 子 学 院 中 学 校
★⑰豊島岡女子学園中学校
⑱東京都市大学等々力中学校
⑲世 田 谷 学 園 中 学 校
★⑳広尾学園中学校(第2回)
★㉑広尾学園中学校(医進・サイエンス回)
㉒渋谷教育学園渋谷中学校(第1回)
㉓渋谷教育学園渋谷中学校(第2回)
㉔東京農業大学第一高等学校中等部
(2月1日 午後)
㉕東京農業大学第一高等学校中等部
(2月2日 午後)

神 奈 川 県

① [県立] 相模原中等教育学校／平塚中等教育学校
② [市立] 南高等学校附属中学校
③ [市立] 横浜サイエンスフロンティア高等学校附属中学校
④ [市立] 川崎高等学校附属中学校
✿⑤ 聖 光 学 院 中 学 校
✿⑥ 浅 野 中 学 校
⑦ 洗 足 学 園 中 学 校
⑧ 法 政 大 学 第 二 中 学 校
⑨ 逗 子 開 成 中 学 校（１次）
⑩ 逗 子 開 成 中 学 校（2・3次）
⑪ 神奈川大学附属中学校（第1回）
⑫ 神奈川大学附属中学校（第2・3回）
⑬ 栄 光 学 園 中 学 校
⑭ フ ェ リ ス 女 学 院 中 学 校

新 潟 県

① [県立] 村上中等教育学校／柏崎翔洋中等教育学校／燕中等教育学校／津南中等教育学校／直江津中等教育学校／佐渡中等教育学校
② [市立] 高志中等教育学校
③ 新 潟 第 一 中 学 校
④ 新 潟 明 訓 中 学 校

石 川 県

① [県立] 金 沢 錦 丘 中 学 校
② 星 稜 中 学 校

福 井 県

① [県立] 高 志 中 学 校

山 梨 県

① 山 梨 英 和 中 学 校
② 山 梨 学 院 中 学 校
③ 駿 台 甲 府 中 学 校

長 野 県

① [県立] 屋代高等学校附属中学校／諏訪清陵高等学校附属中学校
② [市立] 長 野 中 学 校

岐 阜 県

① 岐 阜 東 中 学 校
② 鶯 谷 中 学 校
③ 岐阜聖徳学園大学附属中学校

静 岡 県

① [国立] 静岡大学教育学部附属中学校（静岡・島田・浜松）
② [県立] 清水南高等学校中等部／[県立] 浜松西高等学校中等部／[市立] 沼津高等学校中等部
③ 不二聖心女子学院中学校
④ 日 本 大 学 三 島 中 学 校
⑤ 加 藤 学 園 暁 秀 中 学 校
⑥ 星 陵 中 学 校
⑦ 東海大学付属静岡翔洋高等学校中等部
⑧ 静 岡 サ レ ジ オ 中 学 校
⑨ 静 岡 英 和 女 学 院 中 学 校
⑩ 静 岡 雙 葉 中 学 校
⑪ 静 岡 聖 光 学 院 中 学 校
⑫ 静 岡 学 園 中 学 校
⑬ 静 岡 大 成 中 学 校
⑭ 城 南 静 岡 中 学 校
⑮ 静 岡 北 中 学 校
⑯ 常葉大学附属常葉中学校／常葉大学附属橘中学校／常葉大学附属菊川中学校
⑰ 藤 枝 明 誠 中 学 校
⑱ 浜 松 開 誠 館 中 学 校
⑲ 静岡県西遠女子学園中学校
⑳ 浜 松 日 体 中 学 校
㉑ 浜 松 学 芸 中 学 校

愛 知 県

① [国立] 愛知教育大学附属名古屋中学校
② 愛 知 淑 徳 中 学 校
③ 名古屋経済大学市邨中学校／名古屋経済大学高蔵中学校
④ 金 城 学 院 中 学 校
⑤ 椙 山 女 学 園 中 学 校
⑥ 東 海 中 学 校
⑦ 南 山 中 学 校 男 子 部
⑧ 南 山 中 学 校 女 子 部
⑨ 聖 霊 中 学 校
⑩ 滝 中 学 校
⑪ 名 古 屋 中 学 校
⑫ 大 成 中 学 校

愛 知 中 学 校

⑬ 愛 知 中 学 校
⑭ 星 城 中 学 校
⑮ 名 古 屋 葵 大 学 中 学 校（名古屋女子大学中学校）
⑯ 愛知工業大学名電中学校
⑰ 海陽中等教育学校（特別給費生）
⑱ 海陽中等教育学校（Ⅰ・Ⅱ）
⑲ 中 部 大 学 春 日 丘 中 学 校
新刊⑳ 名 古 屋 国 際 中 学 校

三 重 県

① [国立] 三重大学教育学部附属中学校
② 暁 中 学 校
③ 海 星 中 学 校
④ 四日市メリノール学院中学校
⑤ 高 田 中 学 校
⑥ セントヨゼフ女子学園中学校
⑦ 三 重 中 学 校
⑧ 皇 學 館 中 学 校
⑨ 鈴 鹿 中 等 教 育 学 校
⑩ 津 田 学 園 中 学 校

滋 賀 県

① [国立] 滋賀大学教育学部附属中学校
② [県立] 河 瀬 中 学 校／守 山 中 学 校／水 口 東 中 学 校

京 都 府

① [国立] 京都教育大学附属桃山中学校
② [府立] 洛北高等学校附属中学校
③ [府立] 園部高等学校附属中学校
④ [府立] 福知山高等学校附属中学校
⑤ [府立] 南陽高等学校附属中学校
⑥ [市立] 西京高等学校附属中学校
⑦ 同 志 社 中 学 校
⑧ 洛 星 中 学 校
⑨ 洛南高等学校附属中学校
⑩ 立 命 館 中 学 校
⑪ 同 志 社 国 際 中 学 校
⑫ 同志社女子中学校（前期日程）
⑬ 同志社女子中学校（後期日程）

大 阪 府

① [国立] 大阪教育大学附属天王寺中学校
② [国立] 大阪教育大学附属平野中学校
③ [国立] 大阪教育大学附属池田中学校

④[府立]富田林中学校
⑤[府立]咲くやこの花中学校
⑥[府立]水都国際中学校
⑦清風中学校
⑧高槻中学校（A日程）
⑨高槻中学校（B日程）
⑩明星中学校
⑪大阪女学院中学校
⑫大谷中学校
⑬四天王寺中学校
⑭帝塚山学院中学校
⑮大阪国際中学校
⑯大阪桐蔭中学校
⑰開明中学校
⑱関西大学第一中学校
⑲近畿大学附属中学校
⑳金蘭千里中学校
㉑金光八尾中学校
㉒清風南海中学校
㉓帝塚山学院泉ヶ丘中学校
㉔同志社香里中学校
㉕初芝立命館中学校
㉖関西大学中等部
㉗大阪星光学院中学校

兵庫県
①[国立]神戸大学附属中等教育学校
②[県立]兵庫県立大学附属中学校
③雲雀丘学園中学校
④関西学院中学部
⑤神戸女学院中学部
⑥甲陽学院中学校
⑦甲南中学校
⑧甲南女子中学校
⑨灘中学校
⑩親和中学校
⑪神戸海星女子学院中学校
⑫滝川中学校
⑬啓明学院中学校
⑭三田学園中学校
⑮淳心学院中学校
⑯仁川学院中学校
⑰六甲学院中学校
⑱須磨学園中学校（第1回入試）
⑲須磨学園中学校（第2回入試）
⑳須磨学園中学校（第3回入試）
㉑白陵中学校

㉒夙川中学校

奈良県
①[国立]奈良女子大学附属中等教育学校
②[国立]奈良教育大学附属中学校
③[県立]｛国際中学校
　　　　青翔中学校｝
④[市立]一条高等学校附属中学校
⑤帝塚山中学校
⑥東大寺学園中学校
⑦奈良学園中学校
⑧西大和学園中学校

和歌山県
①[県立]｛古佐田丘中学校
　　　向陽中学校
　　　桐蔭中学校
　　　日高高等学校附属中学校
　　　田辺中学校｝
②智辯学園和歌山中学校
③近畿大学附属和歌山中学校
④開智中学校

岡山県
①[県立]岡山操山中学校
②[県立]倉敷天城中学校
③[県立]岡山大安寺中等教育学校
④[県立]津山中学校
⑤岡山中学校
⑥清心中学校
⑦岡山白陵中学校
⑧金光学園中学校
⑨就実中学校
⑩岡山理科大学附属中学校
⑪山陽学園中学校

広島県
①[国立]広島大学附属中学校
②[国立]広島大学附属福山中学校
③[県立]広島中学校
④[県立]三次中学校
⑤[県立]広島叡智学園中学校
⑥[市立]広島中等教育学校
⑦[市立]福山中学校
⑧広島学院中学校
⑨広島女学院中学校
⑩修道中学校

⑪崇徳中学校
⑫比治山女子中学校
⑬福山暁の星女子中学校
⑭安田女子中学校
⑮広島なぎさ中学校
⑯広島城北中学校
⑰近畿大学附属広島中学校福山校
⑱盈進中学校
⑲如水館中学校
⑳ノートルダム清心中学校
㉑銀河学院中学校
㉒近畿大学附属広島中学校東広島校
㉓AICJ中学校
㉔広島国際学院中学校
㉕広島修道大学ひろしま協創中学校

山口県
①[県立]｛下関中等教育学校
　　　高森みどり中学校｝
②野田学園中学校

徳島県
①[県立]｛富岡東中学校
　　　川島中学校
　　　城ノ内中等教育学校｝
②徳島文理中学校

香川県
①大手前丸亀中学校
②香川誠陵中学校

愛媛県
①[県立]｛今治東中等教育学校
　　　松山西中等教育学校｝
②愛光中学校
③済美平成中等教育学校
④新田青雲中等教育学校

高知県
①[県立]｛安芸中学校
　　　高知国際中学校
　　　中村中学校｝

福　岡　県

①［国立］福岡教育大学附属中学校
（福岡・小倉・久留米）

②［県立］
- 育徳館中学校
- 門司学園中学校
- 宗像中学校
- 嘉穂高等学校附属中学校
- 輝翔館中等教育学校

③西南学院中学校
④上智福岡中学校
⑤福岡女学院中学校
⑥福岡雙葉中学校
⑦照曜館中学校
⑧筑紫女学園中学校
⑨敬愛中学校
⑩久留米大学附設中学校
⑪飯塚日新館中学校
⑫明治学園中学校
⑬小倉日新館中学校
⑭久留米信愛中学校
⑮中村学園女子中学校
⑯福岡大学附属大濠中学校
⑰筑陽学園中学校
⑱九州国際大学付属中学校
⑲博多女子中学校
⑳東福岡自彊館中学校
㉑八女学院中学校

佐　賀　県

①［県立］
- 香楠中学校
- 致遠館中学校
- 唐津東中学校
- 武雄青陵中学校

②弘学館中学校
③東明館中学校
④佐賀清和中学校
⑤成穎中学校
⑥早稲田佐賀中学校

長　崎　県

①［県立］
- 長崎東中学校
- 佐世保北中学校
- 諫早高等学校附属中学校

②青雲中学校
③長崎南山中学校
④長崎日本大学中学校
⑤海星中学校

熊　本　県

①［県立］
- 玉名高等学校附属中学校
- 宇土中学校
- 八代中学校

②真和中学校
③九州学院中学校
④ルーテル学院中学校
⑤熊本信愛女学院中学校
⑥熊本マリスト学園中学校
⑦熊本学園大学付属中学校

大　分　県

①［県立］大分豊府中学校
②岩田中学校

宮　崎　県

①［県立］五ヶ瀬中等教育学校
②［県立］
- 宮崎西高等学校附属中学校
- 都城泉ヶ丘高等学校附属中学校

③宮崎日本大学中学校
④日向学院中学校
⑤宮崎第一中学校

鹿　児　島　県

①［県立］楠隼中学校
②［市立］鹿児島玉龍中学校
③鹿児島修学館中学校
④ラ・サール中学校
⑤志學館中等部

沖　縄　県

①［県立］
- 与勝緑が丘中学校
- 開邦中学校
- 球陽中学校
- 名護高等学校附属桜中学校

もっと過去問シリーズ

北　海　道

北嶺中学校
　7年分（算数・理科・社会）

静　岡　県

静岡大学教育学部附属中学校
（静岡・島田・浜松）
　10年分（算数）

愛　知　県

愛知淑徳中学校
　7年分（算数・理科・社会）
東海中学校
　7年分（算数・理科・社会）
南山中学校男子部
　7年分（算数・理科・社会）

南山中学校女子部
　7年分（算数・理科・社会）
滝中学校
　7年分（算数・理科・社会）
名古屋中学校
　7年分（算数・理科・社会）

岡　山　県

岡山白陵中学校
　7年分（算数・理科）

広　島　県

広島大学附属中学校
　7年分（算数・理科・社会）
広島大学附属福山中学校
　7年分（算数・理科・社会）
広島学院中学校
　7年分（算数・理科・社会）
広島女学院中学校
　7年分（算数・理科・社会）
修道中学校
　7年分（算数・理科・社会）
ノートルダム清心中学校
　7年分（算数・理科・社会）

愛　媛　県

愛光中学校
　7年分（算数・理科・社会）

福　岡　県

福岡教育大学附属中学校
（福岡・小倉・久留米）
　7年分（算数・理科・社会）
西南学院中学校
　7年分（算数・理科・社会）
久留米大学附設中学校
　7年分（算数・理科・社会）
福岡大学附属大濠中学校
　7年分（算数・理科・社会）

佐　賀　県

早稲田佐賀中学校
　7年分（算数・理科・社会）

長　崎　県

青雲中学校
　7年分（算数・理科・社会）

鹿　児　島　県

ラ・サール中学校
　7年分（算数・理科・社会）

※もっと過去問シリーズは
　国語の収録はありません。

教英出版

〒422-8054
静岡県静岡市駿河区南安倍3丁目12−28
TEL 054-288-2131
FAX 054-288-2133

詳しくは教英出版で検索

教英出版　　検索

URL https://kyoei-syuppan.net/

適 性 検 査 1
(9：30〜10：20)

注　　意

1	検査開始のチャイムが鳴るまで開いてはいけません。
2	問題用紙の1ページから5ページに、問題が 1 から 5 まであります。
	これとは別に解答用紙が1枚あります。
3	問題用紙と解答用紙に受検番号を書きなさい。
4	答えはすべて解答用紙に記入しなさい。

広島県立広島中学校

受検番号	第　　　　番

1 花子さんの中学校では、秋に文化祭が行われます。花子さんが入っている美術部は、文化
祭で作品を展示します。来校者が展示された作品を見学できる時間は、午前9時30分から午
後3時30分までです。その間、展示会場で受付を担当する受付係と、展示の案内の放送を担
当する放送係の2つの係の仕事を、花子さんをふくめた美術部の部員5人で分担することに
しました。花子さんたち5人は、仕事の分担表を作ることにし、そのための条件を次のよう
にまとめました。

（5人でまとめた条件）

① 受付係の仕事は、来校者が展示された作品を見学できる時間を7つに区切って分担する。
　午前9時30分から午前10時までと午後3時から午後3時30分までの時間では1回の仕事時
　間を30分、それ以外の時間では1回の仕事時間を60分とする。
　　また、午前9時30分から午前11時までと午後3時から午後3時30分までの時間の担当者
　はそれぞれ3人、それ以外の時間の担当者はそれぞれ2人とする。
② 放送係の仕事は4回あり、それぞれの開始時刻を午前9時30分から、午後0時15分か
　ら、午後1時30分から、午後3時15分からとし、1回の仕事時間を15分とする。それぞれ
　の時間の担当者は1人とする。
③ 1人の部員が担当する係の仕事の合計時間は、5人とも同じになるようにする。
④ 5人とも受付係と放送係のどちらも担当することができるが、同じ時間に2つの係の仕事
　を同時に担当することはできない。また、2時間以上続けて係の仕事を担当することはしな
　い。
⑤ 花子さんは演劇部の手伝いがあるため、午前9時30分から午前10時まで、午前11時から
　午後0時まで、午後3時から午後3時30分までの時間は、美術部の係の仕事をすることはで
　きない。

（仕事の分担表）

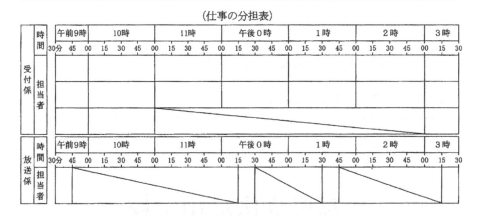

　あなたが花子さんたちなら、5人でまとめた条件をもとに、どのような仕事の分担表を作り
ますか。花子さんを A 、残りの美術部の部員4人を B 、C 、D 、E として、解答用紙
の分担表に、それぞれの係、時間を担当する部員を表す A 、B 、C 、D 、E の記号を書
き入れなさい。ただし、分担表の1つのマス目には、記号を1つ書き入れるものとします。

適性1―1

2　太郎さんは、飲み物に入れるために冷凍庫の中にある氷を取り出した際、3週間前に氷ができた直後と比べて、氷が小さくなっていることに気づきました。

（できた直後の氷）　　　　　　（3週間冷凍庫の中に置いていた氷）

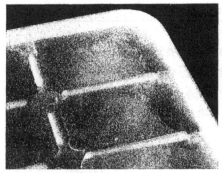

次の会話は、そのときに太郎さんとお父さんが話したものです。

太郎「冷凍庫の中にあった氷が小さくなっていたよ。氷ができた直後は、こんなに小さくなかったはずなんだけどな。」

父　「確かに、氷を何週間も冷凍庫の中に置いていたら、角が丸くなったり小さくなったりするだけでなく、重さも軽くなっていくね。なぜだか分かるかい。」

太郎「冷凍庫の中で氷がとけて小さくなったわけでもないし、氷どうしがぶつかって小さくなったわけでもなさそうだな。」

父　「確かに、その通りだね。他に考えられることはあるかい。」

太郎「そういえば、水は水蒸気になって空気中に出ていくと、学校で習ったよ。もしかしたら氷も水と同じように、表面から氷が水蒸気になって、少しずつ冷凍庫の中の空気中に出ていったんじゃないかな。そんなことはあるのかな。」

父　「いい考えだね。実験で確かめてみたらどうかな。」

太郎「じゃあ、実験方法を考えてみて、実際に実験して確かめてみるよ。」

　太郎さんは、何週間も冷凍庫の中に置いていた氷が小さくなるのは、表面から氷が水蒸気になって、少しずつ冷凍庫の中の空気中に出ていったからだと予想し、この予想を確かめることにしました。

　あなたが太郎さんなら、この予想を確かめるために、どのような実験を行いますか。使う道具をふくめて、実験方法を書きなさい。また、予想が正しい場合の実験結果を書きなさい。

3 七海さんは、様々な学校行事で使うために、生徒会の旗を2枚作ることを計画しています。
　生徒会長の七海さんは、旗を作るための情報を次の資料にまとめました。

（七海さんがまとめた資料）

【旗のデザイン】

- 旗の形は、縦と横の長さの比が2：3の長方形である。
- 旗の色は、各学年カラーの白色、赤色、青色を用いる。
- 旗の図柄は、左の図のように、合同な2つの直角二等辺三角形（白色と青色）の間に平行四辺形（赤色）がはさまれている。

【旗を作る材料】

<布について>

- 旗は、白色の布を使って作る。この布は、幅が100cmで、長さを1cmごとに決めて買うことができる。
- 布の値段は、「（買う布の長さ(cm)）×13円」である。布は必要な長さを買う。

【布の図】

布の長さ／布の幅

<絵の具について>

- 旗の赤色と青色の部分には、それぞれの色の絵の具を布にぬる。白色の部分には何もぬらない。
- 赤色と青色の絵の具は、どちらも値段は1本140円で、1本で1500cm²の布をぬることができ、それぞれの色で必要な本数を買う。

【旗を作るために決めたこと】

- 遠くからでもよく見えるように、旗の横の長さは、80cm以上にする。
- 旗は、同じデザインで同じ大きさのものを2枚作る。
- 買った布を切り分けて2枚の旗を作る。ただし、1めもりが1cmのものさしで測って布を切り分ける。また、2枚以上の布をぬい合わせて1枚の旗を作ることはしない。
- 布と絵の具の合計金額は、2500円以下とする。
- 別の機会に再利用するので、買った布や絵の具は余ってもよい。

　あなたが七海さんなら、どのような大きさの旗を作りますか。また、そのとき、布と絵の具の合計金額はいくらになりますか。解答用紙の（　）に、旗1枚の縦と横の長さ、布と絵の具の合計金額をそれぞれ書き入れ、合計金額を求めた考え方を、式をふくめて書きなさい。なお、消費税は値段の中にふくまれているものとします。

4 　彩花さんと直人さんは、地域の防災訓練で給水容器（※）を使いました。給水容器の注ぎ口を全開にして、同じ大きさのコップに水を入れる際、水がいっぱいになるまでにかかる時間が長いときもあれば短いときもあり、注ぎ口から出る水の勢いにはちがいがあることに気づきました。

　どのような条件によって水の出る勢いが変わるのかについて、彩花さんは「容器の中の水の量」、直人さんは「容器の底から水面までの高さ」と予想しました。2人は、自分たちの予想を確かめるために、先生に相談しながら、防災訓練で使った給水容器とは別の容器を2つ準備して実験を行い、次の資料にまとめました。

※　給水容器…容器内に水をためることができ、注ぎ口を開けば水を出して使うことができる容器。

（彩花さんと直人さんがまとめた資料）

【実験方法】

① 　容積は等しいが、形が異なる直方体の容器アと容器イを準備する。それぞれの容器の底付近の側面に同じ大きさの穴を開ける。

② 　水がもれないように穴をせんでふさぎ、それぞれの容器がいっぱいになるまで水を入れる。

③ 　せんを抜き、水面が2cm下がるごとに、せんを抜いてからの時間を、容器ア、容器イでそれぞれ計測する。

【分かったこと】

　水の出る勢いが変わる条件は、

　　　A 　　ではなく　　　B 　　である。

【実験に用いた2つの容器】

	容器ア	容器イ
底面積	400 cm²	200 cm²
高さ	10 cm	20 cm

【実験結果を記録した表】

容器の底から水面までの高さ (cm)	容器アのせんを抜いてからの時間(秒)	容器イのせんを抜いてからの時間(秒)
20	―	0
18	―	23
16	―	47
14	―	73
12	―	101
10	0	131
8	66	164
6	142	202
4	232	247
2	350	306
0	634	448

　あなたが彩花さんたちなら、実験結果を記録した表をもとに、分かったことをどのようにまとめますか。彩花さんと直人さんがまとめた資料の中の　　　A 　　、　　　B 　　に入る言葉を、「容器の中の水の量」と「容器の底から水面までの高さ」からそれぞれ選び、解答用紙の（　　　）に書きなさい。また、そのように考えた理由を書きなさい。

5 　高志さんは、図書館で借りた本にのっていた「まほうじん」に興味をもちました。

　高志さんは、「まほうじん」について、インターネットを使ってさらに調べたところ、「まほうじん」には様々な形があることや、様々な数の選び方があることを知りました。そこで、高志さんとお兄さんは、次のように新しい「まほうじん」を考えました。

（本にのっていた「まほうじん」の説明）

右の図のように、縦、横、ななめの3つの数の和が、どれも等しくなるように数を並べたものを「まほうじん」といいます。

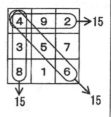

（高志さんとお兄さんが考えた「まほうじん」）

　すべての面に数字が書かれた立体があり、その立体のそれぞれの頂点に集まった面に書かれた数の和がどの頂点でも等しくなるものを、「立体のまほうじん」とする。

　高志さんは、「立体のまほうじん」の例が思いつかずお兄さんに相談したところ、お兄さんは「立体のまほうじん」の例を立方体で考え、次のように説明してくれました。

（お兄さんが説明してくれた「立体のまほうじん」）

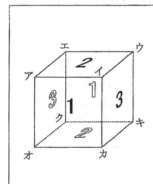

左の図のように、立方体の6つの面に 1 、1 、2 、2 、3 、3 の数字を1つずつ書き入れる。例えば、

・頂点イに集まった3つの面に書かれた数の和は

$$2 + 1 + 3 = 6$$
（面アイウエ）（面アオカイ）（面イカキウ）

・頂点オに集まった3つの面に書かれた数の和は

$$1 + 3 + 2 = 6$$
（面アオカイ）（面アオクエ）（面オカキク）

であることが分かる。同様に他の6つの頂点でも確かめると、1つの頂点に集まった3つの面に書かれた数の和は、どの頂点でも6で等しくなっていることが分かる。

　高志さんは、立方体の6つの面に 1 、2 、3 、4 、5 、6 の数字を1つずつ書き入れて、「立体のまほうじん」をつくることができないか考えてみましたが、どのような数字の書き入れ方をしても、「立体のまほうじん」をつくることができませんでした。

　右の立方体において、6つの面に書き入れる数字を 1 、2 、3 、4 、5 、6 とした場合、どのような数字の書き入れ方をしても、「立体のまほうじん」をつくることはできません。それは、どのような理由だとあなたは考えますか。あなたの考えを書きなさい。

（立方体）

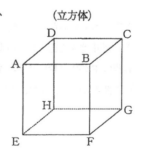

適性1—5

K 教英出版

適 性 検 査 2

（11：00〜11：45）

受検番号	第	番

1　強志さんの小学校には、10年前につくられた学校ビオトープという施設があります。ビオトープとは、野生の生き物が生息する自然のままの場所のことです。学校につくられたビオトープを、学校ビオトープといいます。学校ビオトープの入り口には、つくられた当時の環境委員会の「願い」が書かれた看板が立てられています。5年生の強志さんは、環境委員会で副委員長をしています。環境委員会の5年生は、毎年3学期に、自分たちが6年生になってから6年生の児童全員で行う取り組みを決めることになっています。この取り組みでは、看板に書かれている「願い」を引き継ぎ、学校ビオトープでの児童と生き物とのふれあいをさらに充実させることを目指します。

　そこで強志さんは、環境委員会が今年度に取り組んできたことや、全校児童を対象に行ったアンケートの結果を、あとの資料のようにまとめました。強志さんは、この資料をもとに、2月に行われる環境委員会で来年度の取り組みを提案するつもりです。あなたが強志さんなら、どのような提案をしますか。その原稿を250字以内で書きなさい。

（強志さんの小学校の学校ビオトープの図）

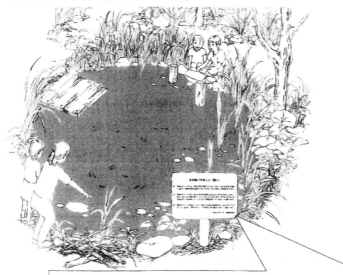

引き継いでほしい「願い」

① 学校ビオトープには、野生の生き物がたくさんいます。ありのままの自然にふれて、季節の変化を感じてほしいです。きっと新しい発見があります。

② 学校ビオトープでは、ありのままの自然にふれることができます。しかし、何もしないと生き物が暮らしにくくなってしまいます。手入れをすることを忘れずに、生き物にとってよりよい環境を保ってくれることを願います。

③ 学校ビオトープを守ることは、私たち小学生の役割です。みんなで「できること」を考え、学校ビオトープを大切に守り続けてほしいと願います。

平成26年3月　環境委員会

適性2—1

（資料）

環境委員会が今年度に取り組んできたこと

・トンボが産卵しやすくなるように草を刈ったり、切った木の枝を置いて昆虫の隠れる場所をつくったりした。

・希望者をつのり、「昼休み自然観察会」を行った。

全校児童を対象に行ったアンケートの結果

○「生活科、理科や総合的な学習の時間の授業以外で学校ビオトープに行きますか。」

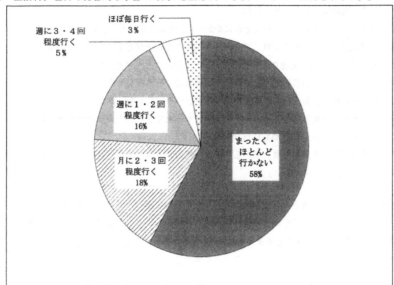

○「学校ビオトープの良い点と問題点は何だと思いますか。」

＜良い点＞

・学校ビオトープに行くと、季節ごとにちがう生き物を見つけることができて、新しい発見があること。

・家の周りでは自然にふれることが少ないけれど、学校ビオトープに行くと、自然のままの生き物にふれられること。

＜問題点＞

・授業で観察のために行っただけで、学校ビオトープに対してあまり興味がないこと。

・学校ビオトープの手入れは、環境委員だけの取り組みでは不十分で、草が伸びて観察しづらいところもあること。

2 毎年 11 月 11 日から 17 日は「税を考える週間」です。次の会話は、6 年生の広美さんと同級生の一郎さんが、税について話したものです。

> 一郎「広美さんは、税についてどんなことを知っているの。」
> 広美「買い物をしたときに支払う消費税くらいかな。そもそも、税って何のためにあるんだろう。」
> 一郎「私たちの生活を充実させるためじゃないかな。道路を建設したり、美術館や博物館を運営したりするときに、税は使われているからね。」
> 広美「新しい科学技術の開発にも使われると聞いたことがあるよ。これからの社会の発展のために使われる税もあるんだね。」
> 一郎「病院で手当てをしてもらったときにかかった金額の一部にも、税が使われているよね。」
> 広美「少子高齢化が進む日本では、ますます税を考えることが必要になりそうだね。」
> 一郎「税を考えると、そのときの国や社会で必要とされたことが見えてくるかもしれないね。」
> 広美「学校の授業で、明治時代の初めに、新政府は税のしくみを改めたと学んだね。その目的を考えたら、新政府が目指した国の姿が分かるんじゃないかな。」
> 一郎「そうだね。改めた税のしくみとその背景となったできごとを関連づけて考えれば、いろいろなことが分かるかもしれないね。」
> 広美「今週は『税を考える週間』だから、明治時代の新政府が改めた税のしくみとその目的について調べてみるね。」

次の資料1〜3は、広美さんが図書館やインターネットで調べたものの一部です。

あなたが広美さんなら、明治時代の新政府が改めた税のしくみとその目的について、資料1〜3を用い、どのようなことをまとめますか。歴史の大きな流れと関連づけて書きなさい。ただし、資料3については、複数の政策にふれることとします。

資料1　江戸時代に幕府が直接治めた場所の年貢の収納高

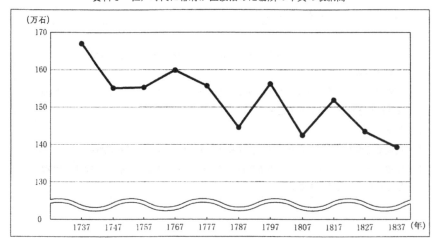

（注）石＝米の量を表す単位。

（『角川新版日本史辞典』をもとに作成。）

適性2−3

（予想が正しい場合の実験結果）

4

| A | に入る言葉 （ | ） |

| B | に入る言葉 （ | ） |

（そのように考えた理由）

5

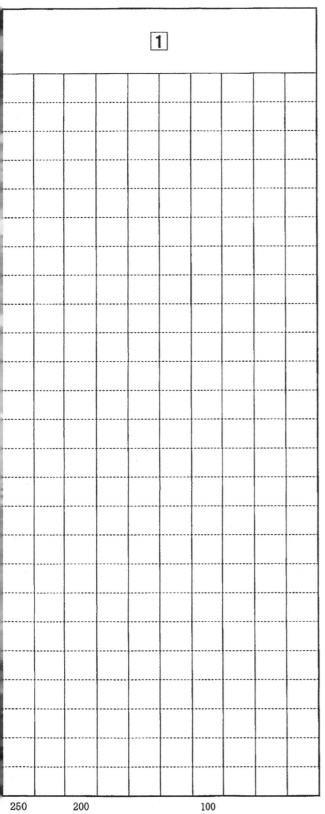

1

適性検査2　解答用紙

受検番号

第　　　　番

※100点満点
（配点非公表）

得　　点

250
字

200
字

100
字

3		2
2	1	

250
字

200
字

100
字

【解答

受検番号　第　　　番

適性検査 1　解答用紙

（仕事の分担表）

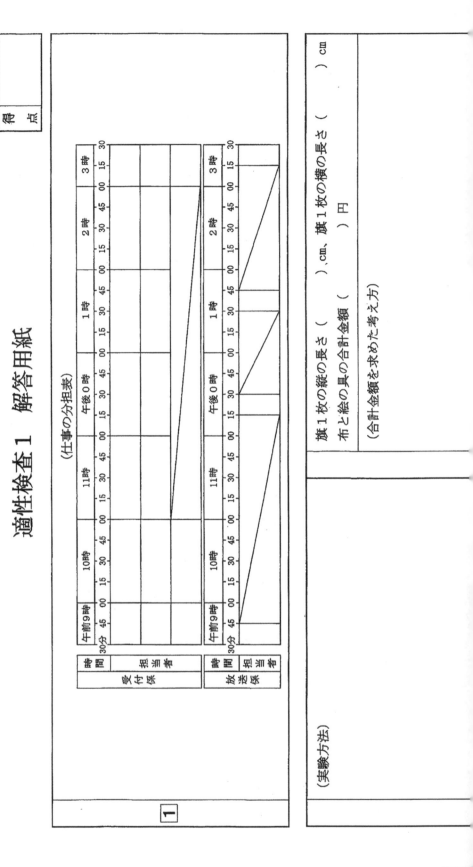

	時間	午前9時		10時			11時			午後0時			1時			2時			3時
受付係		30分	45	00	15	30	45	00	15	30	45	00	15	30	45	00	15	30	45	00	15	30
	担当者																			

	時間	午前9時		10時			11時			午後0時			1時			2時			3時
放送係		30分	45	00	15	30	45	00	15	30	45	00	15	30	45	00	15	30	45	00	15	30
	担当者																			

1

旗1枚の縦の長さ（　　　）cm、旗1枚の横の長さ（　　　）cm

布と絵の具の合計金額（　　　）円

（合計金額を求めた考え方）

（実験方法）

資料2　明治時代の新政府が発行した地券の模式図

地券

大日本帝国政府

土地の面積（四〇〇坪）

土地の持ち主（山田健吉）

土地の価格（一〇〇円）

税の金額（三円）

広島県

（注）地券＝全国の土地を測量して定めた土地の価格や、その価格をもとに定
　　　めた税の金額を示し、土地の持ち主にわたしたもの。
　　　坪＝土地の面積を表す単位。

資料3　明治時代の新政府の政策について広美さんがまとめたもの

著作権の都合により非掲載

藩を廃止し、政府が全国を直接治めるかたちに変えた。

（聖徳記念絵画館ホームページをもとに作成。）

（写真）
お詫び
著作権上の都合により、掲載しておりません。ご不便をおかけし、誠に申し訳ございません。
教英出版

欧米の様子を学んだり、条約の改正に向けた話し合いをしたりするために、使節団を欧米に派遣した。

（国立国会図書館ホームページをもとに作成。）

（写真）
お詫び
著作権上の都合により、掲載しておりません。ご不便をおかけし、誠に申し訳ございません。
教英出版

外国から技術者や指導者を招き、最新の機械を導入した工場をつくり、全国から労働者を集めた。

（国立国会図書館ホームページをもとに作成。）

（写真）
お詫び
著作権上の都合により、掲載しておりません。ご不便をおかけし、誠に申し訳ございません。
教英出版

武士中心の軍隊にかえて、国民による西洋式の軍隊をつくろうとした。

（横浜開港資料館ホームページをもとに作成。）

適性2―4

3 次の文章は、読売新聞の解説「ＩＯＣ　eスポーツ受容を推進」です。これを読んで、あとの
　1・2に答えなさい。

著作権の都合により非掲載

1 ①こうしたゲーム とは、どのようなゲームのことですか。書きなさい。

2 ②各国際競技連盟に、実際に体を動かし競うゲームと、体を動かさずともスポーツを題
　材にしたゲームについてのみ、推進するよう勧告した とありますが、なぜですか。また、
　あなたは、このことに対してどのように考えますか。次の条件にしたがって書きなさい。
　（条件）
　　・二段落で書くこと。
　　・第一段落には、②各国際競技連盟に、実際に体を動かし競うゲームと、体を動かさず
　　　ともスポーツを題材にしたゲームについてのみ、推進するよう勧告した 理由を書く
　　　こと。
　　・第二段落には、第一段落に対するあなたの考えを、これまでの経験や学習内容などをふま
　　　えて書くこと。
　　・200字以上250字以内にまとめて書くこと。

適性2―5

K 教英出版

令和5年度

適 性 検 査 1

(9：30〜10：20)

注　　　意

1	検査開始のチャイムがなるまで開いてはいけません。
2	問題用紙の1ページから5ページに，問題が1から5まであります。
	これとは別に解答用紙が1枚あります。
3	問題用紙と解答用紙に受検番号を書きなさい。
4	答えはすべて解答用紙に記入しなさい。

広島県立広島中学校

受検番号	第	番

1 高志さんは，光さん，美希さん，広子さんと一緒に４人でお楽しみ会をすることになりました。高志さんと光さんは，お楽しみ会に持っていくおかしの準備をしています。次の会話は，そのときに高志さんと光さんが話したものです。

> 高志「お楽しみ会に持っていくチョコレート，あめ，クッキーを買ってきたよ。」
> 光　「参加する４人で同じ金額を出し合ったから，同じ種類のおかしを同じ数ずつ４人で分ければいいよね。」
> 高志「確かにそうだね。でも，みんな好きなおかしや苦手なおかしが違っていて，その希望をかなえてあげたいんだ。みんなで買ったおかしだから，個数は同じにして，１人分の合計金額があまり変わらないように分けたくて悩んでいるんだ。」
> 光　「難しいけど，みんなが喜んでくれるように分けたいね。」
> 高志「そうなんだ。考えてみるよ。」

　高志さんと光さんは話をした後，お楽しみ会に参加する４人の希望と，買ってきたおかしを分ける条件を次のメモにまとめました。あなたが高志さんなら，メモをもとに４人分のおかしをどのように分けますか。解答用紙の表に，それぞれのおかしの個数と合計金額を書き入れなさい。

(高志さんと光さんがまとめたメモ)

> 【４人の希望】
> ○　光さんと美希さんはおかしが好きなので，３種類のおかしがすべて１個以上あるようにする。
> ○　高志さんはクッキーが好きなので，他のおかしよりクッキーが多くなるようにする。
> ○　光さんはチョコレートが好きなので，他のおかしよりチョコレートが多くなるようにする。
> ○　広子さんはクッキーが苦手なので，あめとチョコレートのみにする。
> 【買ってきたおかし】
> ○　チョコレート　　１袋に12個入りで216円の商品を１袋
> ○　あめ　　　　　　１袋に16個入りで192円の商品を１袋
> ○　クッキー　　　　１袋に６個入りで120円の商品を２袋
> 【おかしを分ける条件】
> ○　４人の希望をかなえるように，買ってきたおかしのすべてを分ける。
> ○　４人ともおかしの個数が同じになるように分ける。
> ○　１人分のおかしの合計金額について，一番大きい金額と一番小さい金額の差を 20 円以下にする。

適性1―1

2 6年生の愛さんと健さんは，理科の授業で空気と植物との関わりについて学びました。次の会話は，その授業の後に，愛さんと健さんが話したものです。

愛「この前の理科の授業で，空気と植物との関わりについて学んだね。」

健「私は，1日の中でも時間によって空気中の二酸化炭素の割合が変化するんじゃないのかなと思って，授業の後に図書館の本で調べたんだ。そうしたら，昼に減って夜に増えることがわかったよ。」

愛「私は，1年の中でも時期によって空気中の二酸化炭素の割合が変化するんじゃないのかなって考えたの。」

健「それはおもしろい予想だね。確かに，登校するときに学校の周りに生えている草や木の様子を見ていると，きっと1年の中でも時期によって空気中の二酸化炭素の割合は変化していると思うな。」

愛「気になったから，気象庁のホームページで調べてみたよ。」

健「どうだったの。」

愛「説明文を読むと，日本では空気中の二酸化炭素の割合は夏の時期に減って冬の時期に増える，と書いてあったわ。」

健「愛さんの予想通り，1年の中でも時期によって空気中の二酸化炭素の割合は変化していたんだね。なぜだろう。」

愛「やっぱり植物が影響しているのかな。一緒に考えてみましょう。」

1年の中でも空気中の二酸化炭素の割合が夏の時期に減って冬の時期に増えるのは，なぜだと考えますか。あなたの考えを，植物と関連づけて書きなさい。

3 俊樹さんと有紀さんは，地域の子ども会で行う節分の豆まきのために，図1のようなフタの付いた箱を作ろうと考えています。子ども会の班は全部で8班あり，箱を8個作るために，俊樹さんのお母さんから長方形の工作用紙（1枚の大きさは縦40 cm，横60 cm，方眼の1めもりは1 cm）を8枚と，テープ（長さは350 cm）を1本もらいました。なお，工作用紙1枚につき箱を1個作り，方眼のめもりに沿って工作用紙を切ることとします。

2人は最初に，縦，横の長さと高さがすべて12 cmの立方体の箱を考えました。図2はその展開図で，〇がかかれた面が箱のフタです。また，展開図には，のりしろはつけません。

図3は，図2の展開図を組み立てて作った立方体の箱です。図2，図3ともに，箱を組み立てるときに面と面をテープでつなぎとめる部分は太線で示しています。

（図1　フタの付いた箱）　　　（図2　最初に考えた立方体の箱の展開図）　　　（図3　立方体の箱）

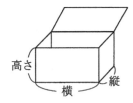
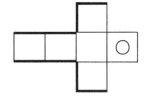

次の会話は，俊樹さんと有紀さんが話したものです。

俊樹「最初に考えた立方体の箱は，箱1個を組み立てるのに 48 cm のテープを使うね。箱を8個作るとテープは 384 cm 必要だよ。だけど，お母さんからもらったテープは 350 cm しかないから，これでは足りないね。」

有紀「じゃあ，箱の形を立方体ではなく直方体で考えてみてはどうかな。縦，横の長さや高さが変わるから必要なテープの長さも変わるし，もしかしたら，今より短くできるかもしれないよ。」

俊樹「それはいい考えだね。最初に考えた立方体の箱の展開図と同じ開き方の展開図で，箱のフタになる面の位置も変えずに考えることにしよう。」

有紀「わかったよ。それに加えて，最初に考えた立方体の箱はちょうどいい量の豆が入りそうだったから，これから考える直方体の箱も立方体の箱と容積は変えないで考えたいな。」

俊樹「さらに提案なんだけど，持ちやすい箱になるように，縦，横，高さの中でもっとも長い辺ともっとも短い辺を比べたときに，その差が 10 cm 以下になるような箱を考えようよ。」

あなたが俊樹さんたちなら，どのような直方体の箱を作りますか。解答用紙の（　　）に，あなたが考えた箱の縦の長さ，横の長さ，高さ，箱1個を組み立てるのに使うテープの長さをそれぞれ書き入れなさい。また，そのように決めた考え方を，式をふくめて書きなさい。

適性1—3

4 望さんは理科の授業で，2個のかん電池とモーターのつなぎ方をいろいろと変えて車を走らせる実験を行いました。その結果，車の進み方は「ゆっくり前に進む」「ゆっくり後ろに進む」「速く前に進む」「速く後ろに進む」の4通りに分けられることがわかりました。

　そこで望さんは，スイッチの切りかえで車の進み方を変えることができないか考えました。先生にスイッチの切りかえで進み方が変わる車の作り方を教えてもらい，試しにいろいろな回路の車を作り，進み方を調べてみました。その後，望さんはそれまでの内容を次のとおりメモにまとめました。

(望さんがまとめたメモ)

【スイッチを使った回路の例】

　右の図のように，スイッチを右にたおして切りかえた場合，真ん中のたんしと右のたんしがつながり，豆電球Bの明かりがつき豆電球Aの明かりはつかない。また，スイッチを左にたおして切りかえた場合，豆電球Aの明かりがつき豆電球Bの明かりはつかない。スイッチを左右どちらにも切りかえない場合，豆電球はA，B両方つかない。

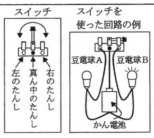

【スイッチの切りかえで進み方が変わる車の作り方】

① 2個のスイッチを車に固定し，モーターから出ている2本の導線をそれぞれ別々のスイッチの真ん中のたんしにつなぐ。

② 2個のスイッチの左右のたんしと2個のかん電池を5本の導線で自由につなぐ。

【車の進み方を調べた結果】

○ 右の試しに作った車の回路の図のような導線のつなぎ方にしたとき，2個のスイッチをそれぞれ切りかえた場合の進み方を調べた結果は，右の表のようになった。

○ 他の導線のつなぎ方も試したが，4通りのうち2通りの進み方しか見つからなかった。

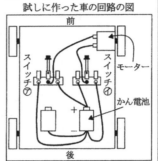

スイッチを切りかえる向き		車の進み方
スイッチ⑦	スイッチ⑦	
左	左	ゆっくり前に進む
左	右	車は進まない
右	左	車は進まない
右	右	ゆっくり後ろに進む

　先生に相談すると，この車の作り方なら導線のつなぎ方によっては，4通りのうち最大で3通りの進み方が実現できることを教えてくれました。あなたが望さんなら，4通りのうち3通りの進み方を実現させるために，2個のスイッチの左右のたんしと2個のかん電池を導線でどのようにつなぎますか。解答用紙の車の回路の図に，導線を表す線を5本かきなさい。また，その導線のつなぎ方で，2個のスイッチをそれぞれ切りかえた場合の進み方を，A「ゆっくり前に進む」，B「ゆっくり後ろに進む」，C「速く前に進む」，D「速く後ろに進む」の中からそれぞれ1つ選び，その記号を（　）に書き入れなさい。なお，車が進まない場合は（　）に×を書き入れなさい。

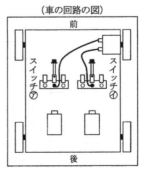

(車の回路の図)

5　理子さんと直人さんは，さいころを使ったゲームを考えています。トランプのカードの数の合計得点が 21 点を目指すゲームを参考にしたゲームを考え，実際に 2 人でやってみることにしました。次のメモは，理子さんと直人さんがさいころを使ったゲームのルールについてまとめたメモです。

（さいころを使ったゲームのルールについてまとめたメモ）

○　図1のように，49 個の正方形のマスがかかれた紙がある。アのマスの位置に，図2のようにさいころを置く。このさいころをマスに沿って，図3のように前後左右に動かす。

○　さいころは，1 つの面の大きさがマスの大きさと同じものとし，向かい合う面の目の数の和が 7 になるものとする。

○　さいころは，1 度通ったマスを再び通らないものとする。

○　マスと接するさいころの面の目の数の和が 21 になるようにさいころを動かす。この和は，アのマスの位置にさいころを置いたときに接する面の 5 の目の数もふくめて考える。

○　ゲームの勝敗は，さいころをより少ない回数で動かして，さいころの目の数の和を 21 にした人の勝ちとする。

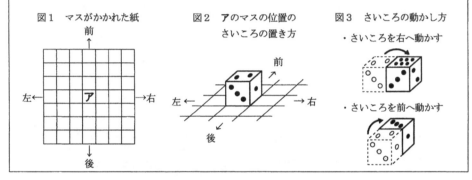

図1　マスがかかれた紙

図2　アのマスの位置のさいころの置き方

図3　さいころの動かし方
・さいころを右へ動かす
・さいころを前へ動かす

　このゲームの結果は，理子さんが直人さんに勝ちました。2 人が考えたさいころの動かし方は，最後のマスに接するさいころの面が 2 人とも 5 の目になりました。直人さんが図4のように，「前・前・右・後・右」の順にさいころを動かしたとき，理子さんのさいころの動かし方はどのような動かし方が考えられますか。図4のように，解答用紙の理子さんのさいころの動かし方を表す図に，さいころを動かす方向を表す矢印と，マスと接するさいころの面の目の数をそれぞれかきなさい。また，そのように決めた考え方を書きなさい。

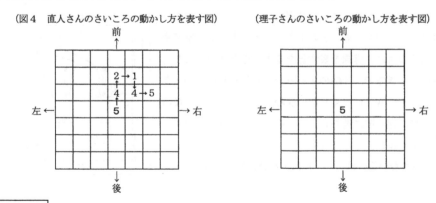

（図4　直人さんのさいころの動かし方を表す図）

（理子さんのさいころの動かし方を表す図）

K 教英出版

適 性 検 査 2

（11：00〜11：45）

受検番号	第	番

1 　広志さんの小学校では，6年生になると，卒業式前にお世話になった学校や地域への「お礼清掃」を行うことを目指して，1年を通して資料の「清掃プロジェクト」に取り組んでいます。そこで，広志さんたちの学級では，資料のステップ②「自分たちの清掃活動を充実させよう」に向けて，黒板に，6年生に対して行った清掃活動についてのアンケート結果とその理由，6年生の校内清掃における現状調べで出た意見をまとめて，話し合いを行っています。

　広志さんは，資料や黒板にまとめられたことと話し合いの様子の一部をふまえて，資料のステップ②「自分たちの清掃活動を充実させよう」に向け，毎日の清掃活動の充実のために，6年生全体でどのような取り組みを行うのかを，10月に行われる学級委員会で提案するつもりです。あなたが広志さんなら，どのような取り組みを提案しますか。その原稿を250字以内で書きなさい。

資料　「清掃プロジェクト」の内容

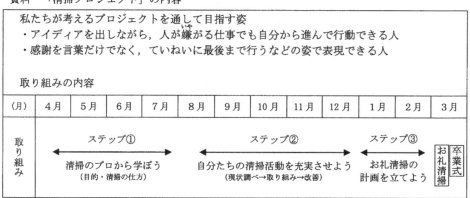

（黒板にまとめられたこと）

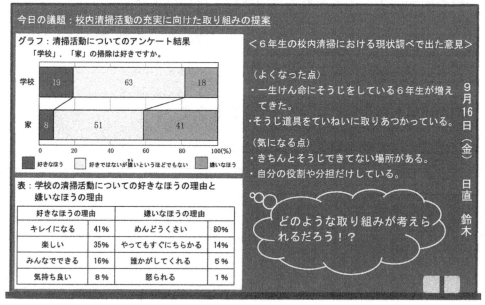

適性2―1

（話し合いの様子の一部）

広志さん

「清掃プロジェクト」もステップ②にうつり，校内清掃活動の充実に向けて，黒板にまとめられたことをもとにどんな取り組みを提案したらいいのかな。

はい。黒板にまとめられたことのグラフと表をみると，やっぱりみんなで楽しくできる取り組みにしたほうがいいと思います。みんなで協力してきれいになれば，楽しさも増し，そうじも活発になるのではないかな。

希さん

豊さん

私は，黒板にまとめられたことの（気になる点）に目を向けるべきだと思うな。きちんとそうじするためにも，無言清掃に取り組むのはどうかな。

なるほどね。私は，「清掃プロジェクト」の目指す姿に近づいていくことも大切なのではないかと思うよ。目指す姿をふまえて考えると，お礼清掃にもつながる提案ができると思うんだけどね。

未来さん

2 小学校の社会科の授業で，「日本の農業」について学習した夢子さんは，パイナップルが沖縄県以外ではほとんど作られていないことを知ったことをきっかけに沖縄県の農業に興味をもちました。そこで，夢子さんは，「沖縄県の農業の特色とその変化」をテーマにして，新聞にまとめることにしました。次の資料1～3は夢子さんが作成した資料です。

あなたが夢子さんなら，資料1～3をふまえて，どのようなことをまとめますか。新聞の中の
◯◯◯◯に入る続きの文章を書きなさい。

資料1　沖縄県のパイナップルときくの
　　　　出荷された量の変化

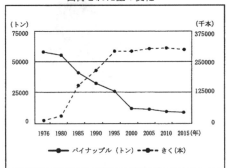

（農林水産省ホームページをもとに作成。）

資料2　沖縄県と沖縄県以外の都道府県で出荷された
　　　　冬と夏のきくの割合

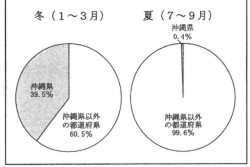

（東京都中央卸売市場の統計をもとに作成。）

資料3　沖縄県の農業について夢子さんが調べたことの一部

【パイナップルについて】
・1945年以降，沖縄県ではパイナップルの栽培に力をいれ，生産量が増えた。
・1971年から，冷凍パイナップルの輸入自由化がはじまった。
・1990年から，パイナップルの缶詰の輸入自由化がはじまった。
・現在まで，パイナップルの生産量や消費量を増やすための工夫が，「米づくり」や「水産業」で学習した工夫と共通したものであった。
【きくについて】
・1945年以降，アメリカ軍基地のまわりで花の栽培が行われるようになった。
・アメリカから沖縄が日本に返された1972年には，植物防疫法による規制がなくなり，花の県外出荷が可能になった。
・1970年代には，さとうきびよりきくのほうが多く収入が得られるため，きくの栽培に変更する人もいた。
・1990年代後半から，国内の生産量が減少し，輸入量は増加し続けている。

（注）植物防疫法＝輸出入などで日本国内に流通する植物が安全なのかどうかを検査することで，他の植物に悪い影響を与えることを防止し，農業生産の安全を図ることを目的とした法律。

適性2—3

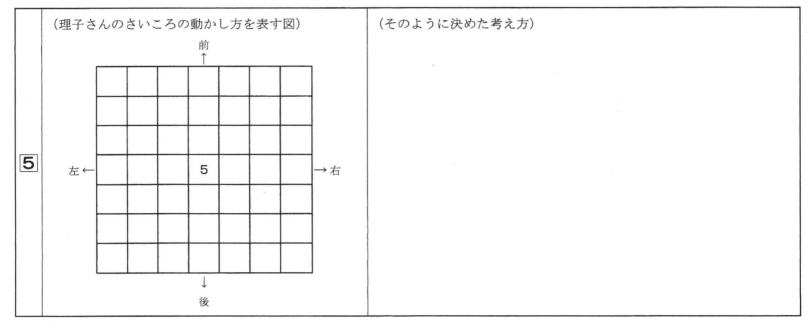

（車の進み方）

○スイッチ⑦を左，スイッチ⑦を左に切りかえた場合（　　）

○スイッチ⑦を左，スイッチ⑦を右に切りかえた場合（　　）

○スイッチ⑦を右，スイッチ⑦を左に切りかえた場合（　　）

○スイッチ⑦を右，スイッチ⑦を右に切りかえた場合（　　）

5

（理子さんのさいころの動かし方を表す図）

前

左←　　　　　　5　　　　　→右

後

（そのように決めた考え方）

適性検査 2 解答用紙

※100点満点
（配点非公表）

得 点

受 検 番 号

第 番

広 適2 解

2	1

250
字　　　200
字　　　　　　100
字

2

適性検査 1　解答用紙

受検番号　第　　　　番

※110点満点
（配点非公表）

得点

広
適1
解

1

（表）

	高志	光	美希	広子
チョコレート（個）				
あめ（個）				
クッキー（個）				
合計金額（円）				

2

（あなたが考えた箱）

縦（　　）cm，横（　　）cm，高さ（　　）cm

箱1個を組み立てるのに使うテープの長さ（　　）cm

（そのように決めた考え方）

（車の回路の図）

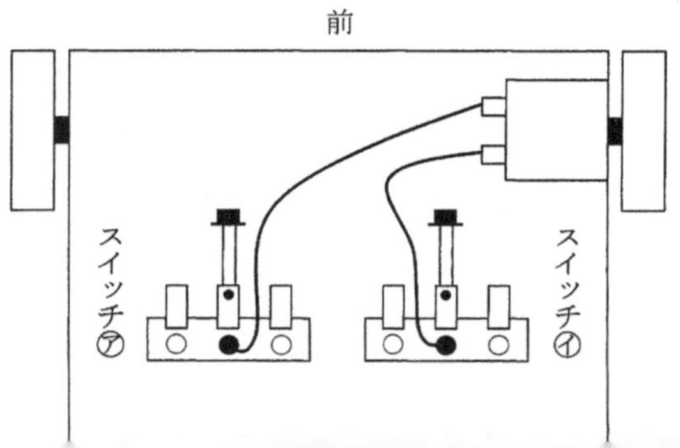

前

スイッチ㋐

スイッチ㋑

【解答用

沖縄県の農業の特色とその変化

●沖縄の農作物を知っていますか？

社会科の授業で「日本の農業」について学習してきました。今回は、それぞれの都道府県や地域にあった農作物があり、パイナップルは国内生産の99％以上が沖縄県で作られていることを知りました。それをきっかけに、沖縄県の農業についてまとめることにしました。その中で、家の近くのスーパーマーケットでは、沖縄県産のパイナップルはほとんど売られていないことに気がつきました。

どうして沖縄県で生産されたパイナップルは売られていないのか、その理由を調べていくと、生産量が全国一位でも、全国で消費されている全体量と比べると、その量はわずかでしかないとわかりました。沖縄県には他にも、さとうきびやきくなど様々な農作物の生産がさかんだと知ったので、沖縄県の農業についてもっと深く調べてみました。

●農作物からみえてきた 沖縄の農業の特色と変化について

まず、さとうきびは、沖縄県の主な農作物としてさかんに作られてきましたが、農作業が大変なことや、その大変さに比べて収入が少ないことなどから、少しずつ畑の面積や生産量が減ってきています。しかし、2000年以降は機械化が進められたことで、畑の面積や生産量に変化はみられなくなりました。機械化のような工夫をすることで生産量が減らないようにしています。

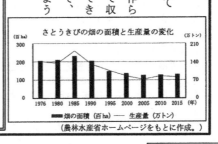

さとうきびの畑の面積と生産量の変化

（農林水産省ホームページをもとに作成。）

適性2―4

3 次の文章は，日本経済新聞の社説「世界遺産の意義見つめ直そう」（2022年8月21日）です。これを読んで，あとの１・２に答えなさい。

世界遺産条約が国連教育科学文化機関（ユネスコ）で採択されて今年で50年。世界で1100件超、日本でも法隆寺や原爆ドームなど25件が登録され、認知度も飛躍的に上がった。一方で維持管理などの課題も目立ってきている。半世紀の節目に、世界遺産の意義を見つめ直したい。

条約の本来の理念は、人類共通の価値ある遺産を守り、保存していくための国際協力体制をつくることだ。

①その意味で世界遺産登録は、あくまではじめの一歩といえる。だが誘客効果が大きいだけに、登録自体をゴールと位置づけるような風潮が依然目立つ。

登録までは地元自治体や経済界が熱心に取り組む一方、登録が決まった後は関連予算が削られるといった例が指摘されている。遺産の適切な保全には専門人材が不可欠なのに、人員が足りていないとの声も根強い。改めて維持管理体制の点検と補強が必要だろう。

観光ラッシュのひずみも各地でみられる。屋久島では登山客の急増が植生の傷みやゴミ放置を招いた。知床の観光船沈没事故は、観光客を当て込んだずさんな業者の存在を浮き彫りにした。

開発と景観の両立も課題だ。福岡県の沖ノ島は2017年の登録時、世界遺産委員会から周辺での風力発電の全面禁止を勧告されたが、近隣には洋上風力の好適地がある。政府や自治体はこうした諸問題に連携して対応すべきだ。

増加に悩む地域も多い。遺産付近での高層マンションやホテルの突出は好ましくない。日本として主張すべきはしつつ、冷静な議論を目指したい。

15年登録の「明治日本の産業革命遺産」や、今後の登録を目指す「佐渡島の金山」では、歴史認識を巡る日韓のあつれきが表面化した。もとより世界遺産は国際政治と無縁ではないものの、協調が主眼での衝突は好ましくない。単に②「我が町の見どころ」ではなく、未来に引き継ぐ宝としてとらえ直すときだ。

世界遺産条約は、遺産を将来世代に伝承することを締約国の義務と定める。

（注）
採択＝意見や案などを選んで決めること。
誘客効果＝多くの人に観光などの目的で行ってみたいと思わせる効果。
風潮＝変化していく世の中の動きや人々の考え方。
ずさん＝まちがいが多くいいかげんなさま。
あつれき＝仲たがいすること。
理念＝物事や人がどうあるのが最も正しいのか、そのもとになる考え方。
植生＝ある地域に集合して育っている植物の集団及び状態。
勧告＝人や団体に、そうしたほうが良いと物事をすすめること。
締約国＝条約を結んでいる国。
主眼＝ねらいどころ。

この記事は、日本経済新聞の許諾を得て転載しています。無断での複写・転載を禁じます。

1 ①その意味 とありますが，どのような意味ですか。書きなさい。

2 ②「我が町の見どころ」ではなく，未来に引き継ぐ宝としてとらえ直すときだ とありますが，どのようなことを伝えようとしていますか。また，あなたは，この伝えようとしていることに対してどのように考えますか。次の条件にしたがって書きなさい。

（条件）
・二段落で書くこと。
・第一段落には，②「我が町の見どころ」ではなく，未来に引き継ぐ宝としてとらえ直すときだ とは，どのようなことを伝えようとしているのかを書くこと。
・第二段落には，第一段落に対するあなたの考えを，これまでの経験や学習内容などをふまえて書くこと。
・200字以上250字以内にまとめて書くこと。

適性2─5

令和4年度

適 性 検 査 1
（9：30〜10：20）

広島県立広島中学校

受検番号	第　　　　　番

1　愛さん，豊さん，学さんの3人は，1～9の数がそれぞれ書いてある板をねらって1人ずつボールを投げる的当てゲームを，次のようなルールで行いました。ただし，数が書いてあるどの板にも，くり返しボールを当てることができます。

(的当てゲームのルール)

○　1人ずつ，5回続けてボールを投げる。

○　ボールが当たった板に書かれている数（1～9）を記録する。ボールが板に当たらなかった場合は0を記録する。ボールが同時に複数の板に当たった場合は，当たった板に書かれている数のうち，最も大きい数を記録する。

○　1～4回目は記録した数を得点とし，5回目は記録した数の2倍を得点とする。

○　1～5回目までの得点を合計した得点が高い人を上位とする。合計した得点が同じ場合は，1～5回目までで記録した数のうち，最大の数を比べて，大きい方を上位とする。

　このゲームの結果，1位が愛さん，2位が豊さん，3位が学さんでした。順位をもとに，的当てゲームの結果の⑦～⑦にはどのような数が入ると考えられますか。解答用紙の（　　）にあなたが考えた数をそれぞれ書き入れなさい。また，そのように求めた考え方を書きなさい。

(的当てゲームの結果)

	愛さん	豊さん	学さん
1回目に記録した数	4	5	5
2回目に記録した数	8	4	6
3回目に記録した数	2	5	9
4回目に記録した数	3	⑦	0
5回目に記録した数	7	⑦	4
得点の合計	31	⑦	28

2 加奈さんは，授業で，磁石は引き合ったり，しりぞけ合ったりすることを学びました。次の会話は，そのときに加奈さんと先生が話したものです。

加奈「磁石って不思議ですね。２つの磁石の間かくと，引き合う力，しりぞけ合う力の関係を実験で調べることができたらおもしろそうですね。」

先生「磁石の引き合う力，しりぞけ合う力を調べるためには電子てんびんを使ってはかるといいですね。電子てんびんは，ものの重さを数字で表示するはかりのことです。ただ，磁石をそのまま電子てんびんに置くと，磁石のはたらきによって電子てんびんの値が変わってしまうので，正しく重さをはかることができるように，木の台を置いてはかってください。」

放課後，加奈さんは先生と相談しながら，次のような実験を行いました。

（加奈さんが行った実験とその結果）

【実験方法】
① 右下のような実験装置を組み立て，電子てんびんの上に木の台を置き，ボタンをおして電子てんびんの表示を「0」にする。
② 重さが14.7ｇの円ばん型の磁石Aを，N極の面を上にして木の台の上に置く。
③ N極の面を下にした円ばん型の磁石Bをとりつける。
④ 磁石Bを磁石Aの方向にゆっくり近づける。
⑤ 磁石Aと磁石Bの間かくと電子てんびんの数字を読み取り，表にその値を記入する。
⑥ 磁石BのS極の面を下にして，④，⑤を行う。

【実験結果を記録した表】

磁石Aと磁石Bの間かく(cm)	磁石BのN極の面を下にした場合の電子てんびんの値(ｇ)	磁石BのS極の面を下にした場合の電子てんびんの値(ｇ)
12.0	14.7	14.7
11.0	14.7	14.7
10.0	14.8	14.6
9.0	14.9	14.5
8.0	15.0	14.4
7.0	15.1	14.3
6.0	15.3	14.1
5.0	15.7	13.7
4.0	16.5	12.9
3.0	18.7	10.7
2.0	26.8	2.6

【実験装置】

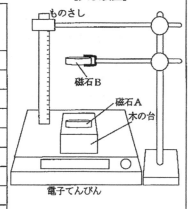

※ 磁石Aと磁石Bの間かくが1.0cmのときは磁石Aが動いたため，記録はない。

加奈さんは，実験結果を記録した表をもとに，磁石Aと磁石Bの間かくと，引き合う力，しりぞけ合う力の関係について分かったことをまとめることにしました。あなたが加奈さんなら，どのようにまとめますか。磁石Aと磁石Bの間かくと，引き合う力，しりぞけ合う力の関係について分かったことを書きなさい。また，そのように考えた理由を書きなさい。

3 浩志さんと由美さんが通う小学校の近くにある噴水公園には，道を表した図のように，噴水を中心とした半径100m，200m，300mの３つの円形の道と，それぞれの円周を8等分する点で一番内側の円と一番外側の円を結んだ道があります。毎年，５年生と６年生は公園の入口（点A）をスタートとし，ゴールとする大きな円を１周するコースで校内マラソン大会が行われています。６年生の体育委員である２人は，来月に予定さ

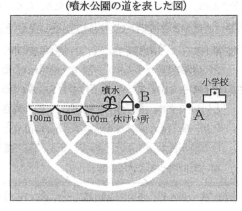

（噴水公園の道を表した図）

れている校内マラソン大会について，先生と話しています。次の会話は，噴水公園の道を表した図を見ながら，浩志さんと由美さんと先生が話したものです。

先生「来月は校内マラソン大会ですね。去年走ったコースを覚えていますか。」

浩志「はい，覚えています。噴水公園の一番外側の円を１周しましたよね。」

由美「先生，来月に走るコースは去年のコースと同じですか。」

先生「その予定ですが，何か気になることがありますか。」

由美「公園の入口には走った後に休む場所がないので，休けい所のそばの点Bをスタートとゴールに変更できませんか。」

先生「点Bをスタートとゴールにした方が休めますね。浩志さんはどう思いますか。」

浩志「私も点Bをスタートとゴールにする方がいいと思います。その場合，コースはできるだけ去年と同じ距離の方がいいと思います。」

先生「浩志さんはできるだけ同じ距離を走りたいということですね。それなら，どちらの意見も取り入れた新しいコースを考えてください。」

浩志さんと由美さんは，２人の意見を取り入れた新しいコースの条件をもとに，来月に予定されているマラソン大会のコースを先生に提案することにしました。あなたなら，どのようなコースを提案しますか。解答用紙の図に提案するコースの道筋をかき入れなさい。また，提案するコースと去年のコースとの走る距離の差を解答用紙の [   ] に書き入れ，その差の求め方を，式をふくめて書きなさい。ただし，円周率は3.14とします。

（新しいコースの条件）

○ 点Bをスタートとゴールにし，噴水の周りを１周するコースである。

○ 提案するコースと去年のコースとの走る距離の差が20m以内である。

○ 同じ道を２回走らない。

○ 道（白色の部分）以外は走らない。

---

4 朗夫さんは，夏休みにお父さんとピクニックに出かけました。朝，ペットボトルに入った冷えた炭酸ジュースを買い，直後に少し飲んだ後，ふたを閉めておきました。その後，午前中歩いてから，昼食のときにふたを開け，炭酸ジュースを飲みました。次の会話は，そのときに明夫さんとお父さんが話したものです。

> 明夫「お父さん，これ朝飲んだときと口に入れたときの感じがちがうよ。」
>
> 父　「それは時間がたって，炭酸ジュースにとけていた二酸化炭素が出ていってしまったからだよ。」
>
> 明夫「でも，家で冷蔵庫に入れておいたものは，こんなにすぐには変わらないよ。なぜだろう。」
>
> 父　「そうだなあ。今日は冷やさずにずっと持っていたからじゃないかな。二酸化炭素は水の温度が変わると，水にとける量も変わるんだよ。」
>
> 明夫「じゃあ，二酸化炭素って水の温度が低い方が，水にとける量が多いってことなのかな。確かめてみたいな。」
>
> 父　「実験方法を考えてみたらおもしろそうだね。」
>
> 明夫「そういえば，ペットボトルに水と二酸化炭素を入れてふたをしてふると，ペットボトルがへこむことがあったよ。つまり，ペットボトルがへこんだ分だけ，二酸化炭素が水にとけたということだよね。ペットボトルのへこみ方のちがいで確かめることはできないかな。」
>
> 父　「いい考えだね。がんばって確かめてね。」

　明夫さんは，二酸化炭素は水の温度が低い方が，水にとける量が多いと予想し，その予想を確かめることにしました。そこで，明夫さんは学校の先生に協力してもらい，実験に必要な道具を用意しました。あなたが明夫さんなら，用意したものを使って，どのような実験を行いますか。実験の方法と，予想が正しい場合の結果を書きなさい。ただし，用意したものをすべて使う必要はありません。また，用意したものは，同じものを2つ以上使ってもかまいません。

（用意したもの）

> ペットボトル（500mL），二酸化炭素のボンベ，ビーカー，計量カップ，温度計，水，氷，お湯（60℃），水そう

5 光さんは，友だちの太郎さんに授業で作ったモビールについて話をしています。次の会話は，そのときに光さんと太郎さんが話したものです。

光 「昨日学校の授業でグループごとにモビールを作ってみたんだ。」

太郎「モビールって何かな。」

光 「これが，私たちのグループで作ったモビールだよ。モビールは，棒の左右の端におもりをつるして，つり合わせて作ったかざりなんだ。私たちのグループはいろいろなおもりの中から，星型のおもりを多く使って作ってみたよ。」

（光さんのグループが作ったモビール）

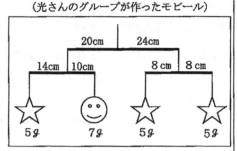

太郎「おもりの重さと棒の長さがすべて同じでないから，つり合わせるのが大変そうだね。」

光 「初めて作るときは，苦労したよ。おもりの重さと棒の長さを計算して計画しないとうまくいかないからね。実は，今度お母さんと一緒に家にあるものを使って，もう少し大きなモビールを作ってみることにしたんだ。」

太郎「はじめにしっかりと計画を立ててみないと難しくて作れそうにないね。」

光 「そうだね。難しいかもしれないけど，考えてみるよ。」

光さんは，棒の重さや糸の長さと重さを考えないものとして，お母さんと作るモビールの計画をメモにまとめています。あなたが光さんなら，メモに書いた【使うもの】と【条件】を見て，どのようなモビールを作る計画を立てますか。解答用紙の計画したモビールの図の（ ）に，数をそれぞれ書き入れなさい。

（光さんが考えた計画を書いたメモ）

【使うもの】90cmの棒2本，必要な数の糸，おもり6個（3gのおもりを2個，5gのおもりを2個，10gのおもりを2個），1めもりが1cmのものさし，はさみ

【条件】○ 6個のおもりは1つずつすべてつるす。

○ 用意する棒は残さないように，必要な長さに切って，5本にする。ただし，棒は曲がらないものとして考える。

○ 糸は棒の端に結びつける。

【計画したモビールの図】

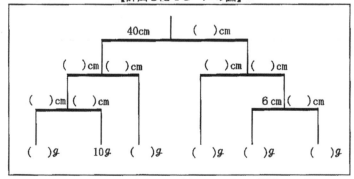

適 性 検 査 2
（11：00〜11：45）

受検番号	第	番

1　広子さんと大志さんの小学校では，総合的な学習の時間の授業で「みんなが暮らしやすいまちづくり」をテーマにした学習を行っています。地域の現状を調べるとともに，地域の高齢者から聞き取った内容をふまえて，「小学生の私たちにできること」について話し合っています。次の黒板にまとめられたことをもとに，広子さんと大志さんの発言を受けて，あなたなら「小学生の私たちにできること」として，どのような提案をしますか。その原稿を200字以内で書きなさい。

（黒板）

みんなが暮らしやすいまちづくり　―小学生の私たちにできることを考えよう―

〈地域の現状について〉
・歩道には点字ブロックが設置してあるが，その上に自転車がとめられていることがある。
・商店街の交差点には，音の出る信号機が設置されている。
・駅などの段差があるところには，手すりが設置されている。
・以前よりもノンステップバスやユニバーサル・デザインのタクシーが増えた。
・駅の券売機には点字や音声案内がある。
・公園のトイレやベンチの上など，ゴミ箱以外の場所にゴミが捨てられている。

〈地域の高齢者からの聞き取り〉
・ここ数年で，歩道の段差をなくすための工事が行われたり，駅のバス停には手すりが設置されたりした。
・駅の案内板の文字が大きくなったのでわかりやすくなった。
・燃えるゴミや燃えないゴミなどの分別は進んでいるが，とびらが開けにくいなど，使いにくいゴミステーションがある。
・公園や広場の入り口がせまかったり段差があったりして通りにくいことがある。
・人がいてもスピードを落とさない自転車をみかけることがある。

六月二十一日（月）　日直　田中

（広子さんと大志さんの発言）

私たちが住んでいる地域でも，以前に比べると，幅広い世代やいろいろな立場の人が暮らしやすい工夫がされてきていると分かりました。でも，まだまだ克服しないといけない課題もありますね。

広子さん

そうだね。でも，私たちには，歩道を広くしたり音の出る信号機を設置したりするようなことは自分たちだけではできないよね。小学生の私たちにできることって，どんなことがあるんだろう。クラスのみんなでできることをしたいよね。

大志さん

適性2―1

問題は，次のページに続きます。

2 陽子さんは，学校で能を鑑賞したことをきっかけに，今に伝わる日本の文化に興味をもちました。家族と日本の文化について話をしたとき，家族が，次の写真①～⑥を見せてくれました。それらの写真を見た陽子さんは，社会の授業で今に受けつがれる文化について学んだことを思い出しました。写真①～⑥は，平安時代の文化を受けついでいる３枚と，室町時代の文化を受けついでいる３枚に分けられると考えました。そこで，陽子さんはどちらか１つの時代を選び，「今に伝わる日本の文化」をテーマにして，レポートにまとめることにしました。

あなたが陽子さんなら，レポートをどのようにまとめますか。選んだ時代を書いて，その時代の文化を受けついでいる写真を３枚選び，その番号を書きなさい。さらに，レポートの中の ▭ に入る文章を書きなさい。

写真① 生け花

生け花をしている女性の写真

写真② 七夕

短冊が結ばれた笹の葉の写真

写真③ 端午の節句

風になびく鯉のぼりの写真

写真④ 茶の湯

お茶をたてる女性の写真

写真⑤ 能

能面をつけた人の写真

写真⑥ ひな祭り

七段飾りの写真

走る距離の差 [　　　] m

（求め方）

4

（実験の方法）

（予想が正しい場合の結果）

5

【計画したモビールの図】

40cm　（　）cm

（　）cm（　）cm　　　（　）cm（　）cm

（　）cm（　）cm　　　　　　　6cm（　）cm

（　）g　　10g　（　）g　　（　）g　（　）g　　（　）g

適性検査2 解答用紙

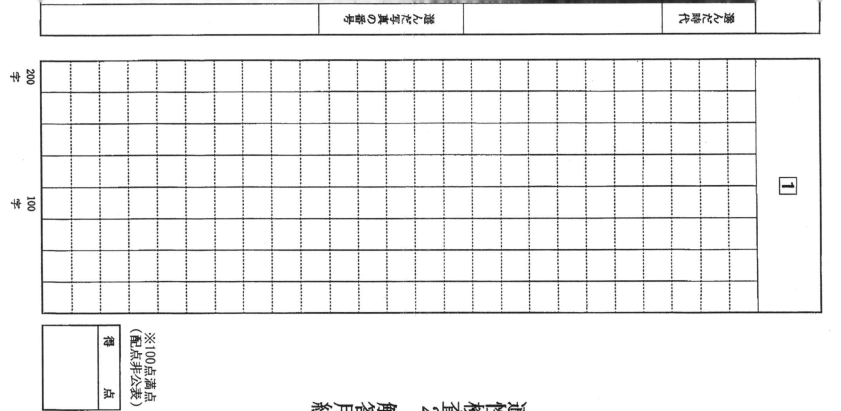

200字

100字

1

得点

※100点満点
（配点非公表）

受検番号

第　　　　番

広適2解

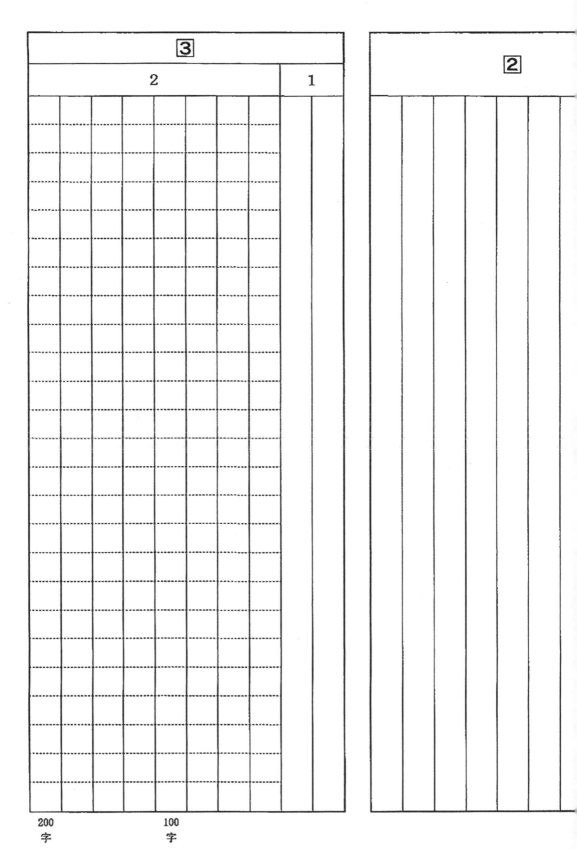

広 適1 解

受検番号　第　　　　番

適性検査1　解答用紙

1

㋐（　　）　㋑（　　）　㋒（　　）

（㋐, ㋑, ㋒を求めた考え方）

（提案するコースの道筋）

（分かったこと）

（そのように考えた理由）

【解答用

「今に伝わる日本の文化」

1　調べるきっかけ
　　学校で能を鑑賞したことをきっかけに，なぜ，古くからの日本の文化が今に伝わっているのか疑問をもち，日本の文化に興味をもちました。

2　私が選んだ時代と３枚の写真

選んだ時代とその時代の文化を受けついでいる３枚の写真

3　調べて考えたこと
　　私は，この時代の文化についての情報を，教科書や図書館の本，インターネットなどで集めました。現在においてもこの時代の文化が伝わっている理由について，文化の特色とその時代の文化をになった人たちについて調べたことをもとに，次のように考えました。

4　まとめ
　　今に伝わる日本の文化は，少しずつ形を変えて受けつがれてきたものです。調べる中で，文化の特色には，誰がどのような力をもっていたかなどが影響していることが分かりました。これからも，日本の文化を調べることを通して，その時代の特色をより深く学んでいきたいです。

3　次の文章は，映画監督の大林宣彦さんが書いた「映画，いいひとばかり」の一部です。これを読んで，あとの1・2に答えなさい。

人間、得意なことほど失敗する。このことに、ぼくはいちばん気をつけている。

映画をつくっていると、そのなかでいろんなことをやらねばならない。自分が好きで得意なことだともちろんうれしくて張り切りもするが、そういうときこそ①落とし穴が待ち受けているのだ。

なぜなら好きなことだから、誰よりよく知っているつもり。自分が得意だから誰にも任せず自分でやってしまおうとする。

その結果、それは自分のスケールを超えることはできない。どんなに得意で自慢なことでも、つまりはカラオケの歌自慢どまり。他人を感動させ、感銘を与えるには至らない。おまけにもともとが好きなことだから、不充分な仕上がりでも満足してOKを出してしまう。

しかし、これが不得意なことだと、まずはよく知らないのだから他人に聞く。聞いてもよく分からないからさらに他の誰かに聞く。分かってもまだ心配だからもっと聞く。そして専門家たちを集めていろいろ試みてもらい、それが自分にも理解できるまで何度でも繰り返す。

それに不得意なことというのは、もともとが好きなことではなかったのだから、自分自身が本当に面白く、満足できるまで衆知を集めて工夫してつくり上げていけば、OKを出す頃には誰のスケールをも超えた、ひとつの魅力も説得力もある、より大きな存在となる。

映画が知恵の果実だというのはそういうことでもあるので、これが共同作業によって生み出される映画の、本当の力である。そのなかでの監督の仕事というのは、要するにOKを出すことなのだから、そのOKをどれだけの高みに導いていくかが勝負であり、そういうわけで得意なことこそそれが安易になりがちで危ないのである。

したがって、つまりはぼくは映画をつくっているのではなくて、ぼく自身が映画によって育てられているのだと思う。だからいつでも、②映画自身を、いちばん不得意なものにしておきたいと願うのである。

（注）　スケール ＝ 物事の大きさ。規模。
　　　感銘 ＝ 忘れられないほど深い感動を受けること。
　　　衆知 ＝ 多くの人の知恵。

1　①落とし穴とありますが，具体的にはどのようなことを指していますか。書きなさい。
2　②映画自身を，いちばん不得意なものにしておきたいと願うのであるとありますが，筆者はなぜこのように考えるのですか。また，あなたが不得意なものにしておきたいものは，どのようなものですか。次の条件にしたがって書きなさい。
（条件）
・二段落で書くこと。
・第一段落には，筆者がこのように考える理由を書くこと。
・第二段落には，第一段落をふまえ，あなたが不得意にしておきたいものについて自分の体験をもとに書くこと。
・180字以上200字以内にまとめて書くこと。

令和3年度

適 性 検 査 1

（9：30〜10：20）

広島県立広島中学校

受検番号	第	番

1 高志くんは遠足の途中で，空にうかぶ雲をながめています。次の会話は，そのときに高志くんと先生が話したものです。

> 高志「あの白い雲，きれいですね。」
>
> 先生「そうだね。雲にはいろんな形があっておもしろいね。」
>
> 高志「そういえば先生，雲はなにでできているのですか。」
>
> 先生「雲は小さな水や氷のつぶでできているんだ。つぶが大きくなると，雨や雪となって落ちてくるんだよ。」
>
> 高志「そうなんですね。でも先生，雲をつくっている水や氷のつぶはどこからくるのですか。」
>
> 先生「高志くんは，雲をつくっている水や氷のつぶがどこからくると思うかな。」
>
> 高志「そういえば，水は氷や水蒸気というように，すがたを変えながら自然の中をめぐっていることについて，授業で学習しましたね。」
>
> 先生「そうなんだよ。雲をつくっている水や氷のつぶは，雨や雪となって降り，自然の中をめぐって，その一部は再び雲になるんだ。このように，水は自然の中をめぐっているんだよ。」
>
> 高志「雨や雪となって降ったものの一部が再び雲になるというのは，おもしろいですね。雲をつくっている水や氷のつぶが，どのように自然の中をめぐって，再び雲になるのかを具体的に考えてみようと思います。」

　あなたが高志くんなら，雲をつくっている水や氷のつぶが雨や雪になって降った後に，どのように自然の中をめぐって，再び雲になると考えますか。雲をつくっている水や氷のつぶが再び雲になるまでの水のめぐりを，水のすがたの変化もふくめて具体的に書きなさい。

適性1―1

2　分数について学習した3年生の望美さんは，分数の計算についても考えてみたいと思い，6年生で兄の良くんに質問をしています。次の会話は，そのときに望美さんと良くんが話したものです。

> 望美「お兄ちゃん，質問があるんだけど。」
>
> 良　「どうしたんだい。」
>
> 望美「分数を学校で習ったから，分数のたし算を自分で考えてみたの。$\frac{2}{5}+\frac{1}{5}$ を計算すると，$\frac{3}{10}$ になると思うんだ。」
>
> 良　「なるほど，望美は ＿＿＿＿＿＿＿＿＿＿＿＿＿＿＿＿＿＿
>
> 　　と考えたんだね。でも，その考え方で計算すると，計算結果はまちがっているよ。」
>
> 望美「どうしてまちがっているの。」

　良くんは，望美さんがどのような考え方で分数の計算をしたと思ったのでしょうか。会話文中の ＿＿＿＿＿＿＿＿ に入るように，望美さんの考え方を書きなさい。また，あなたが良くんなら，この後，望美さんの計算結果がまちがっていることをどのように説明しますか。説明する内容を，図を使って書きなさい。

3 家の庭のそうじをしていた健太くんと姉の広子さんは，花が開いたり閉じたりすることに疑問をもちました。次の会話は，そのときに健太くんと広子さんが話したものです。

健太「春に育てたチューリップは，夕方になると花が閉じていたんだけど，暗くなったから花が閉じたのかな。」

広子「最近学校で習ったんだけど，チューリップの花が開いたり閉じたりするのは，光じゃなくて，温度が関係しているんだって。しかも，チューリップは1日の中で花が開いたり閉じたりすることを毎日くり返しているんだよ。」

健太「なるほど。チューリップの花が開いたり閉じたりするのは，温度が関係しているんだね。他の花はどうなのかな。」

広子「そういえば，タンポポも1日の中で花が開いたり閉じたりするんだって。」

健太「家の前にタンポポが咲いていたけど，タンポポの花が開いたり閉じたりするのは，光や温度が関係しているのかな。」

広子「わたしは，チューリップのように，温度が関係していると思うな。」

健太「ぼくは，光が関係していると思うな。じゃあ，タンポポの花が開いたり閉じたりするのは，光や温度が関係しているか調べてみよう。」

【花が開いたタンポポ】

【花が閉じたタンポポ】

(健太くんと広子さんの予想)

健太くんの予想：「タンポポの花が開いたり閉じたりするのは，光が関係している」
広子さんの予想：「タンポポの花が開いたり閉じたりするのは，温度が関係している」

　あなたなら，タンポポの花が開いたり閉じたりすることについて，光や温度が関係しているかどうかを確かめるために，どのような方法で実験をしますか。健太くんと広子さんがそれぞれ予想した光と温度のうち，どちらかを選び，解答用紙の（　　　）に書き入れ，それを確かめる実験の方法を書きなさい。また，あなたが選んだ予想が正しければ，実験の結果がどのようになるかを書きなさい。

4 創一くんの家の庭には，レンガを並べて作った長方形の花だんがあります。次の会話は，その花だんについて，創一くんとお父さんが話したものです。

創一「去年はパンジーを植えてきれいに咲いたね。」
父 「そうだな。今年はパンジー以外の花も植えようと思うんだ。」
創一「それなら，花だんをもっと広げたいね。」
父 「花を植える部分の面積が，今の2倍になるように広げようと思うんだ。」
創一「じゃあ，ぼくが花だんをどのように広げればいいか考えてみるよ。」
父 「庭の広さを考えて，花だんの縦の長さは 2.5 m，横の長さは 5 m をそれぞれ超えないようにしてくれるかな。それから，レンガは今と同じように，縦 10 cm，横 20 cm の面を下にして並べてくれよ。」
創一「わかったよ。花を植える部分の縦と横の長さを考えてみるね。」
父 「追加するレンガの個数も教えてくれよ。」

　創一くんはお父さんと相談し，花だんを広げるために，今の花だんとレンガをスケッチし，必要な情報をメモにまとめました。

(創一くんのまとめたメモ)

【花だんを上から見たスケッチ】

3.2 m

1.4 m

花を植える部分

【レンガのスケッチ】

6 cm
20 cm
10 cm

○ 花を植える部分の面積を，今の2倍にする。
○ 今使っているレンガに，さらにレンガを追加し，縦 10 cm，横 20 cm の面を下にして並べて花だんを広げる。
○ 花だんの縦と横をそれぞれ伸ばし，広げた後も長方形の花だんになるようにする。
○ 花だんの大きさは，縦の長さ 2.5 m，横の長さ 5 m をそれぞれ超えないようにする。
○ レンガ1つは，縦 10 cm，横 20 cm，高さ 6 cm の直方体である。

　あなたが創一くんなら，どのような計画を立てますか。解答用紙の（　　　）に花を植える部分の縦と横の長さを，〔　　　〕に追加するレンガの個数をそれぞれ書き入れなさい。また，それぞれを求めた考え方を，式をふくめて書きなさい。

適性1—4

5　光くんは理科の授業の後，先生が作ったふりこの装置について，先生と話をしています。
次の会話は，そのときに光くんと先生が話したものです。

光　「先生が作ったふりこの装置を見て驚きました。」
先生「この装置は，7個のふりこを同じふれはばの右はしから
　　　同時に動かし始めると，不思議な動きをしますね。」
光　「そうですね。それぞれのふりこの長さがちがっていたので，
　　　常にばらばらに動くだけだと思っていました。でも途中で，
　　　7個のふりこが全て同時に右はしにきて，そろって見えた
　　　ときがあったので，不思議でした。」
先生「実は，この7個のふりこで作った装置は，動かし始めて60秒
　　　後に全てのふりこが右はしで初めてそろう装置なんですよ。」
光　「どうしてそんな時間がわかるんですか。」
先生「これらのふりこがそれぞれ1分間に往復する回数をもとに，
　　　1往復する時間を考えるとわかります。」
光　「では，ふりこが往復する時間を考えて，動かし始めて30秒後に右はしで初めてそろう装
　　　置も作ることはできますか。」
先生「この7個のふりこを全て使うと，30秒後にそろいません。4個のふりこをうまく選ぶ
　　　と，30秒後に4個のふりこ全てが右はしで初めてそろう装置を作ることはできます。」
光　「先生が使った7個のふりこの中から4個を選んで，30秒後に4個のふりこ全てが右はし
　　　で初めてそろう新しい装置を作ってみたいと思います。」

【先生が作った装置】

【ふりこ】

左はし　　　　　　　右はし

1往復

　光くんは，先生が使った7個のふりこの中から4個を選んで，新しい装置を作ることにしま
した。そのために，必要な情報をメモにまとめました。

（光くんのまとめたメモ）

○　先生が作った装置のふりこア〜キの中から4個を選んで
　　新しい装置を作る。
○　ア〜キのふりこは，時間がたってもそれぞれ1往復する
　　時間は変わらない。
○　同じふれはばの右はしから同時に動かし始めて，30秒後
　　に4個のふりこ全てが右はしで初めてそろうようにする。

	1分間に往復する回数
ふりこ　ア	80往復
ふりこ　イ	72往復
ふりこ　ウ	60往復
ふりこ　エ	48往復
ふりこ　オ	45往復
ふりこ　カ	40往復
ふりこ　キ	30往復

　あなたが光くんなら，動かし始めて30秒後に4個のふりこ全てが右はしで初めてそろう装置
を作るために，どのふりこを選びますか。ふりこア〜キの中から4個を選んで，解答用紙の
（　　　）に，選んだふりこの記号を書きなさい。また，その4個のふりこに決めた考え方を
書きなさい。

適性1—5

K 教英出版

適 性 検 査 2
（11：00〜11：45）

注　　意

受検番号	第　　　　　番

[1] 夢子さんは，学級委員会で6年生の代表をしています。夢子さんたちは，5年生までに総合的な学習の時間で「私たちが住む地域」について学習し，6年生で地域での活動に取り組むことになっています。そこで，学級委員会では，2学期に地域で行う活動のテーマと内容を考え，各学級で提案することにしました。資料1は，5年生のときに行った地域学習を終えてのアンケート結果です。資料2は，5月に地域の人に対して行ったアンケート結果です。資料3は，1学期に夢子さんたちが調べ，発見した，「私たちが住む地域」の特徴をまとめたものです。

あなたが夢子さんなら，地域で行う活動について，資料1〜3をもとに，どのようなテーマでどのような取組を提案しますか。その原稿を180字以内で書きなさい。

資料1　5年生のときに行った地域学習を
　　　　終えてのアンケート結果

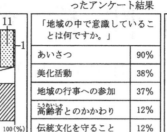

自分の住んでいる地域のことが好きだ。　88　11　-1

地域をよくするために何をするべきかを考えることがある。　14　28　58

0　20　40　60　80　100（%）

よくあてはまる　ややあてはまる　全く当てはまらない

資料2　地域の人に対して行ったアンケート結果

「地域の中で意識していることは何ですか。」	
あいさつ	90%
美化活動	38%
地域の行事への参加	37%
高齢者とのかかわり	12%
伝統文化を守ること	12%

（1人が2つ以上の回答をしている場合があります。）

資料3　「私たちが住む地域」の特徴をまとめたもの

① 外国からの移住者が増えている。
② 田んぼや畑がへる一方，住宅地が増えている。
③ 町内会での活動が少なくなっている。
④ 地域で受けつがれてきた行事（盆おどりなど）を知っている若者が少ない。

[2] 豊くんは，スーパーマーケットで買い物をしていると，同じ種類の魚でも値段が大きく異なることに気が付き，それをきっかけに，社会の授業で学習した水産業の内容を思い出しました。そこで，豊くんは，日本の漁業・養しょく業の生産量と生産額の変化や一家庭あたりの生鮮魚かい類を1年間に買った量とそれに支はらった合計金額の変化を調べ，日本の水産業の特色についてまとめることにしました。次の資料1・2は豊くんが作成した資料です。

あなたが豊くんなら，次の資料1・2を用い，どのようなことをまとめますか。水産業にたずさわる人々の取組と関連づけて書きなさい。

資料1　日本の漁業・養しょく業の生産量と
　　　　生産額の変化

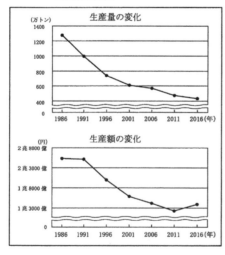

資料2　一家庭あたりの生鮮魚かい類を1年間に買った量とそれに支はらった合計金額の変化

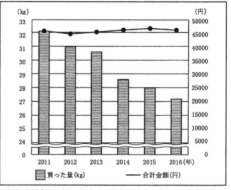

買った量(kg)　合計金額(円)

（注）生鮮魚かい類 ＝ 海などでとれたままのもので，保存のための加工をされていない魚や貝など。ただし，切ったり，こおらせたりしたものもふくむ。

（資料1・2は水産庁ホームページをもとに作成。）

適性2—1

3

4

(実験の結果)

5

（選んだふりこ）

ふりこ　（　　）

ふりこ　（　　）

ふりこ　（　　）

ふりこ　（　　）

（４個のふりこに決めた考え方）

適性検査2　解答用紙

受　検　番　号

第　　　　番

※100点満点
（配点非公表）

得　　　点

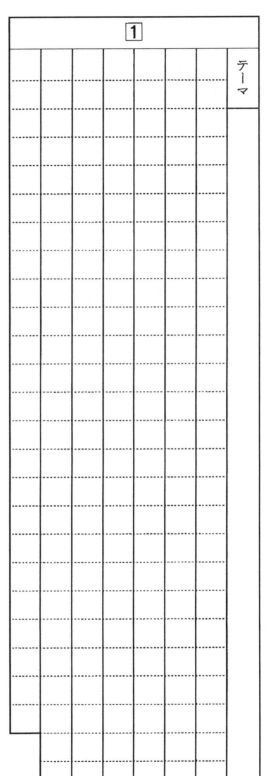

1

テーマ

180
字

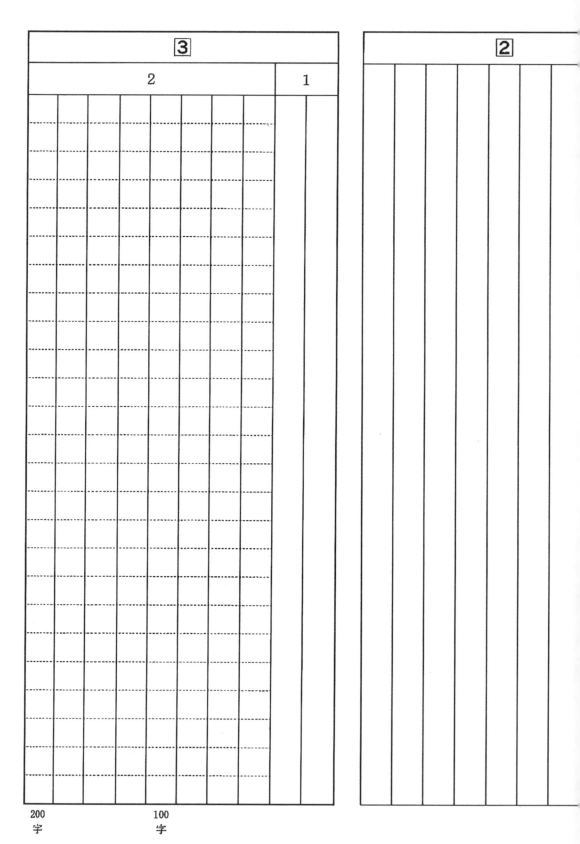

適性検査1　解答用紙

受検番号　第　　　　番

※110点満点
(配点非公表)

得点 ☐

広
適1
解

1

(予想)
タンポポの花が開いたり閉じたりするのは、
(　　　　　)が関係している

(実験の方法)

2

(望美さんの考え方)

(説明)

縦(　　) cm　横(　　) cm, 追加するレンガの個数 〔　　〕個

(考え方)

【解答用

3 次の文章は，日野原重明さんが書いた「百歳は次のスタートライン」の一部です。これを読んで，あとの1・2に答えなさい。

人が信じ合い、命を分かち合って生きる。そのすばらしさをネパールの言葉では「サンガイ シウメ コラギ」と表現するそうです。日本語に訳すと「ともに生きるために」。

この言葉にまつわる、とてもいい話があります。教えてくれたのは、ネパールで一九六二年から八〇年まで、十八年間にわたって医療活動に従事した岩村昇先生です。

もともと鳥取大学で公衆衛生学を専攻する助教授だった彼は、ネパールへの医師派遣に手を挙げて、結核のワクチン接種など予防医療に力を尽くすことになりました。そんなあるとき、岩村さんのいた村で重症の結核患者が出ました。治療をするためには、山の上の病院に運ばなくてはなりません。そこまでは歩いて何日もかかるといいます。

患者のおばあさんは歩けないし、岩村さんは ①どうしようかと困り果ててしまいました 。そのとき、一人の青年が名乗り出てくれたのです。

「僕は力があるし、ちょうど山の上まで岩塩を買いに行くところだから、背負って行ってあげましょう」

その青年は三日間歩き続けて、病院まで連れて行ってくれました。感謝に堪えず、岩村さんがお礼としていくらかのお金を差し出すと、彼は頑なに拒んだそうです。「仕事のついでに運んだだけだ」と言い張るばかり。そして、最後に彼の口をついて出てきた言葉が、「サンガイ シウメ コラギ」だったのです。

ネパールのその小さな村には、「自分より弱い者を助けることこそが命を分かち合うことである」という考え方が浸透しているんですね。いまは強い自分だって、やがて弱者になる日が来るかもしれません。そのときは、自分も強い人から助けてもらう。そうやって人々が助け、助けられ、命を分かち合いながら生きていくことに、生きがいを見出しているのです。

②すばらしい生き方 だと思いませんか？「サンガイ シウメ コラギ」の精神の根底には、人と人とが信じ合う気持ちが強くあるように思います。信じ合っていればこそ、"おんぶにだっこ" で生きていけるのです。

（日野原重明『百歳は次のスタートライン』光文社知恵の森文庫）

（注）公衆衛生学 ＝ 地域や職場などで、人々の健康を守り、病気を防ぐための、科学および技術を研究する学問。

ワクチン接種 ＝ 病気のもとになる細菌などを弱めてつくった薬を体に入れて、体内の病気に対するていこう力を高め、その病気にかからないように予防すること。

1 ①どうしようかと困り果ててしまいました とありますが，なぜですか。書きなさい。

2 ②すばらしい生き方 とありますが，筆者は「すばらしい生き方」についてどのように考えていますか。また，筆者の考えに対して，あなたはどのように考えますか。次の条件にしたがって書きなさい。

（条件）
・二段落で書くこと。
・第一段落には，筆者が考える「すばらしい生き方」について書くこと。
・第二段落には，第一段落をふまえ，あなたの考えを，これまでの経験や学習内容などから具体的にあげ，その理由を書くこと。
・180字以上200字以内にまとめて書くこと。

適性2—2

令和2年度

適 性 検 査 1

(9：30〜10：20)

広島県立広島中学校

受検番号	第	番

1 高志くんが応援しているサッカーチームと，浩司くんが応援しているサッカーチームが，同じ大会に出場しています。次の会話は，2人の応援しているチームが出場している大会について，高志くんと浩司くんが話したものです。

高志「大会が始まったね。この大会にはA，B，C，D，Eの5チームが参加していて，上位2チームになると，次の大会に進むことができるんだけど，ぼくの応援しているAチームは，まだ勝てていないんだ。」

浩司「ぼくの応援しているEチームも，2試合が終わってまだ勝てていないんだよ。でも，あきらめるのはまだ早いよ。この大会はどのチームも他のチームと1回ずつ試合をするんだ。5チームの中で上位2チームになれば，次の大会に進むことができるので，AチームとEチームの2チームが，次の大会に進むことができる場合もあると思うよ。」

高志「順位は勝った試合の数だけで決めるわけではないよね。」

浩司「そうだよ。それぞれの試合の結果によって『勝ち点』という点数が入るんだ。勝ったチームは3点，負けたチームは0点，引き分けた場合は両方のチームに1点ずつ入って，勝ち点の合計が多い順に順位が決まるんだよ。」

高志「なるほど。じゃあ，本当にAチームとEチームの2チームが，次の大会に進むことができる場合があるか考えてみるよ。」

高志くんは，表にこれまでの3試合の結果を記入しました。その後で，AチームとEチームが次の大会に進むことができる試合結果があることを確かめるために，必要な情報をメモにまとめました。あなたが高志くんなら，AチームとEチームが次の大会に進むことができる試合結果について，どのように考えますか。解答用紙の表に，〇，×，△の記号を書き入れなさい。また，（　）にそれぞれのチームの順位と勝ち点の合計を書き入れなさい。

(表)

	A	B	C	D	E
A		△			
B	△				△
C					〇
D					
E		△	×		

(勝ちを〇，負けを×，引き分けを△とする)

(高志くんがまとめたメモ)

〇　これまでの3試合の結果
　　AチームとBチーム　　引き分けでどちらのチームにも勝ち点が1点ずつ入った。
　　BチームとEチーム　　引き分けでどちらのチームにも勝ち点が1点ずつ入った。
　　CチームとEチーム　　Cチームが勝ち，Cチームに勝ち点が3点入った。

〇　2つのチームの勝ち点の合計が同じ場合，その2つのチームの対戦結果で，勝っている方を上位とする。なお，3つ以上のチームの勝ち点の合計が同じになる場合は考えないものとする。

〇　各順位が，それぞれ1チームとなるように考える。

適性1—1

【適

2 結衣さんが登校すると，校門に先生が立っていました。次の会話は，そのときに結衣さんと先生が話したものです。

結衣「おはようございます。今日は寒いですね。」
先生「そうですね。だからポケットにこれを入れています。」
結衣「それは何ですか。」
先生「これは，使い捨てカイロというものです。袋を開けて取り出すと，温かくなるんですよ。ちょっと持ってみてください。」
結衣「ありがとうございます。本当に温かいですね。でも，なぜ温かくなるのですか。」
先生「それは自分で確かめてみると面白いですよ。」
結衣「では，自分で調べてみます。」
先生「使い捨てカイロの中には特に危険なものは入っていないので，やけどに注意すれば，使い捨てカイロの中身を取り出して実験に使ってもだいじょうぶですよ。私が準備するものを使って，結衣さんが考えた方法でいっしょに実験してみましょう。」

袋

使い捨てカイロ

使い捨てカイロの中身

　結衣さんは，使い捨てカイロを買ってきて，どのようにして温かくなるのかを調べてみることにしました。買ったときには温かくなかった使い捨てカイロが，袋を開けて取り出すと温かくなりはじめることが分かりました。そこで，ものが燃えるときと同じように，酸素が使われたので使い捨てカイロが温かくなったのではないだろうかと考え，確かめるための実験を行うことにしました。あなたが結衣さんなら，先生が準備したものの中から，どれを使って，どのような方法で実験しますか。使うものをすべて書き，実験の方法を書きなさい。

(先生が準備したもの)

酸素のボンベ，二酸化炭素のボンベ，ちっ素のボンベ，袋を開ける前の使い捨てカイロ，集気びん，集気びんのふた，酸素用検知管（6〜24％用），気体採取器，はさみ，温度計，水そう，水

3 愛さんと健くんが所属する子ども会では，５月と11月に，地域の清掃を行っています。地域の清掃では，子ども会の40人をいくつかのグループに分けて，場所A〜Hの８か所を清掃します。グループごとに担当する場所を決めて，グループでまとまって順番に清掃をしていきます。５月に行った地域の清掃では，40人を20人ずつの２つのグループに分け，９時00分に集会所を出発し，それぞれのグループが４か所を順番に清掃して，10時30分までの90分以内に戻ってくる計画でした。しかし，１つのグループが，A，C，D，Eの順に清掃すると，10時30分までに戻ってくることができませんでした。次の会話は，11月に行う地域の清掃の計画について，愛さんと健くんが話したものです。

健「５月に行った地域の清掃では，子ども会の40人を20人と20人の２つのグループに分けて，４か所ずつ清掃したんだけれども，１つのグループが時間内に戻れなかったね。」

愛「全てのグループが90分以内で戻ってくるために，11月に行う地域の清掃では，グループの分け方をよく考えてから，担当する清掃場所を決めましょう。５月のときにそれぞれの場所で清掃にかかった時間と，移動にかかった時間をメモしていたので，地図にまとめておくね。」

健「グループは２つより３つに分けた方が早く終わるんじゃないかな。① 15人のグループ，② 15人のグループ，③ 10人のグループの３つに分けてみようよ。」

愛「そうしましょう。でも，グループを増やすのはいいけど，グループ内の人数が減ると，清掃にかかる時間が増えるね。例えば，20人で15分かかる場所なら，10人では30分，15人では20分かかるとして考えてみましょう。」

健「移動はできるだけ時間がかからない道を選ぶようにし，各グループは担当する場所だけ清掃するようにして計画してみようよ。」

　あなたが愛さんたちなら，愛さんがまとめた地図をもとに，どのような計画を立てますか。解答用紙の〔　〕に，①〜③のグループがそれぞれ清掃する場所を順番に記号で書き入れ，必要ない〔　〕には×を書き入れなさい。また，そのように決めた考え方を，式をふくめて書きなさい。ただし，清掃場所の中での移動時間は考えません。

【適

（愛さんがまとめた地図）

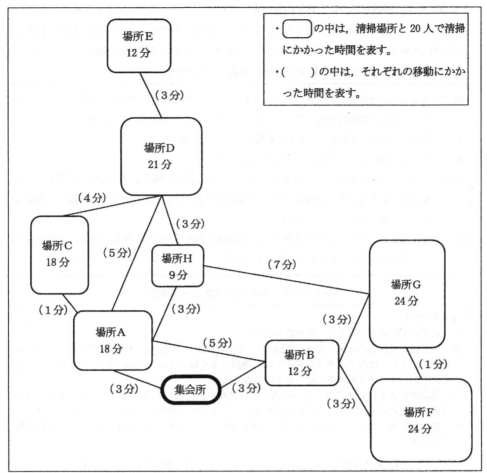

・ ▢ の中は，清掃場所と20人で清掃にかかった時間を表す。

・（　　）の中は，それぞれの移動にかかった時間を表す。

場所E
12分

（3分）

場所D
21分

（4分）　（3分）

場所C
18分

（5分）

場所H
9分

（7分）

場所G
24分

（1分）

（3分）

場所A
18分

（3分）

（5分）

場所B
12分

（3分）

（3分）

（3分）

集会所

場所F
24分

適性1—4

4 　明夫くんたちのクラスでは，理科の授業で，電磁石を強くするために，電流を強くしたり，コイルを作る導線のまき数を多くしたりすることを学びました。さらに，学習したことを発展させるために，電磁石について自分たちが興味があることを，グループごとに調べ，発表することになりました。明夫くん，陽子さん，英二くんの３人のグループは，他に電磁石を強くする方法はないのかを調べるために実験を行い，実験結果を用いてクラスで発表することにしました。次の会話は，そのときに明夫くんたちが話したものです。

> 明夫「ストローに導線をまいて作ったコイルに，くぎを入れることで電磁石を作ることができたよ。次は，電磁石を強くする方法を考えてみよう。何か良い考えはあるかな。」
>
> 陽子「私は，コイルに入れるくぎの直径を変えたらいいと思うな。」
>
> 英二「ぼくは，導線をまく幅を変えて調べてみたいな。」
>
> 明夫「じゃあ，電磁石を強くする方法について，くぎの直径と導線をまく幅だけを変えて，実験で確かめてみよう。電磁石を使って持ち上げることができるクリップの数で，電磁石の強さを調べることにしようよ。」
>
> 陽子「そうしよう。でも，１回の実験だったら正確に測れないかもしれないから，実験を３回やってみて，その平均を求めて考えてみよう。」

（明夫くんたちが行った実験とその結果）

> 【実験方法】
> ① 　右下の実験装置のような回路を組み立てる。
> ② 　同じ長さで直径が４mm，５mm，６mm のくぎをコイルに入れかえ，「くぎの直径」の条件を変える。また，導線のまき数を変えずに，導線をまく幅を２cm，４cm，８cm にしたコイルをそれぞれ作り，「導線をまく幅」の条件を変える。
> ③ 　導線の長さを変えずに「くぎの直径」と「導線をまく幅」の条件を変え，かん電池の数を変えずに電流を流し，持ち上げることができるクリップの数を，それぞれ３回ずつ調べる。
> ④ 　調べた条件について，１回目に持ち上げたクリップの数が少ない順に，ア～ケの実験結果を表にまとめる。

【実験結果を記録した表】

	持ち上げたクリップの数(個)			くぎの直径(mm)	導線をまく幅(cm)
	1回目	2回目	3回目		
ア	3	5	4	4	8
イ	7	8	9	4	4
ウ	8	9	10	5	8
エ	13	15	14	6	8
オ	14	10	12	4	2
カ	15	16	14	5	4
キ	20	19	18	5	2
ク	22	19	19	6	4
ケ	27	26	25	6	2

【実験装置】　【電磁石の図】

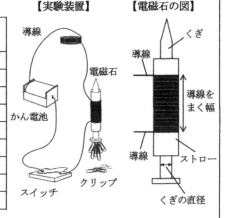

　あなたが明夫くんなら，電磁石を強くする方法を，実験結果を用いてどのように説明しますか。実験結果から分かる電磁石を強くする方法を１つとりあげ，説明する内容を書きなさい。

5 真一郎くんの小学校は，地域の農家の方から花の苗を150本もらいました。小学校には，
縦 2 m 32 cm，横 3 m 28 cm の長方形の花だんがあります。そこで，学級委員の真一郎くんは，
先生に相談して，学校の花だんに苗を植えるための計画を考え，メモにまとめました。

(真一郎くんがまとめたメモ)

○ 苗は花だんのはしから，それぞれ 20 cm あけて植える。
○ 苗と苗の間かくは縦も横も等しくなるように植える。
○ 苗と苗の間かくは 15 cm 以上とする。
○ 苗は，長方形の縦と横それぞれの辺に垂直になるように，一列に並べて植える。
○ もらった苗はすべて植え，苗が足りない場合は買って追加する。

　真一郎くんは，苗と苗の間かくや苗の本数を決めるために，次のような図をかいて考えるこ
とにしました。あなたが真一郎くんなら，苗と苗の間かくを何 cm にし，苗を何本追加します
か。解答用紙の [　　　　] に苗と苗の間かくを，（　　　　　）に追加する苗の本数をそれぞ
れ書き入れなさい。また，そのように決めた考え方を，式をふくめて書きなさい。

(真一郎くんがかいた図)

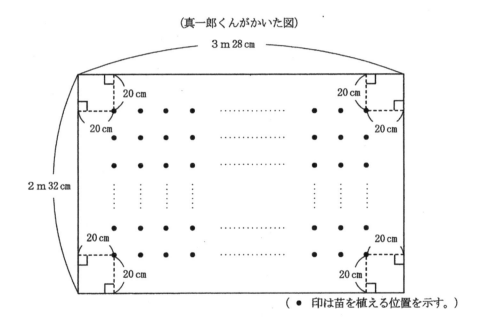

（ ● 印は苗を植える位置を示す。）

適 性 検 査 2
（11：00〜11：45）

受検番号	第　　　　　番

1 　6年生の和子さんは，総合的な学習の時間の授業で，「見つけよう，未来の自分」をテーマに学習しています。6月の授業で，元パラリンピック選手との交流会が行われました。学級委員会では，交流会をふり返る集会を計画しています。そこで，学級委員会で6年生の代表をしている和子さんは，交流会で学んだことを深めるために，6年生全体で行う取組について提案することになりました。資料1は，4月に行った夢や目標に関する6年生のアンケートの結果です。資料2は，和子さんが交流会で学んだことの記録です。

　　あなたが和子さんなら，資料1・2をもとに，どのような提案をしますか。その原稿を200字以内で書きなさい。

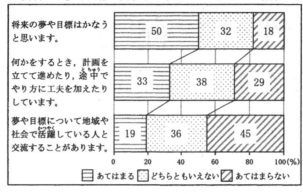

資料1　夢や目標に関する6年生のアンケートの結果

資料2　和子さんが交流会で学んだことの記録

① 不可能だと思えることも，考え方を変えたり，少し工夫したりすればできるようになる。
② これからの社会では，他の人との違いを受け入れ，個性を認め合う関係をつくることが必要だ。
③ お互いに助け合ったり，困っている人とどうすればいいのか一緒に考えたりする気持ちが大切だ。
④ わたしたちは，周りの多くの人に支えられ，応援してもらっていることを忘れてはいけない。

2 　太郎くんは，自分の住んでいるA町について，夏休みに本やホームページで調べたところ，A町の多くの部分がかつて海だったことを知り，どのようにしてA町が現在のような土地利用になったのかをまとめることにしました。次の資料1・2は，太郎くんがかいた現在のA町の地図と調べたものの一部です。

　　あなたが太郎くんなら，資料1・2を用い，どのようなことをまとめますか。歴史の流れと関連づけて書きなさい。

資料1　太郎くんがかいた現在のA町の地図

資料2　A町について太郎くんが調べたもの

・1950年より前のA町は，島で果物の生産がさかんに行われていた。
・1950年ごろから，米をたくさん生産する計画を立て，海を陸地にする工事を始めた。
・1970年ごろ，陸地にする工事後の土地利用について，「1950年ごろの計画」とは異なる計画に変更した。
・1990年ごろ，海を陸地にする工事が完成した。
・現在，工事後の陸地では，トマトやサラダ菜などの野菜の生産を始めた農家もある。

適性2—1

【適

3 (考え方)

4 (説明する内容)

5 苗と苗の間かく ☐ cm, 追加する苗の本数 ( ) 本

(考え方)

適性検査 2　解答用紙

1

200
字

100
字

受　検　番　号

第　　　　　番

※100点満点
（配点非公表）

得　　　点

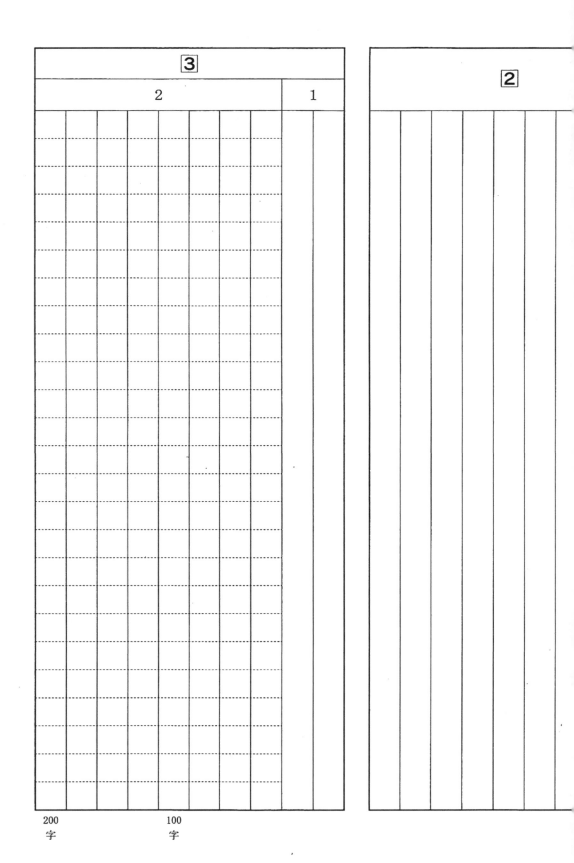

受検番号　第　　　番

適性検査1　解答用紙

2

（使うもの）

（実験の方法）

1

（表）

	A	B	C	D	E
A		△			
B	△				△
C					○
D					
E		△	×		

（順位と勝ち点の合計）

A （　）位　勝ち点の合計（　）点
B （　）位　勝ち点の合計（　）点
C （　）位　勝ち点の合計（　）点
D （　）位　勝ち点の合計（　）点
E （　）位　勝ち点の合計（　）点

【解答

3 次の文章は，やなせたかしさんが書いた「みんなの夢まもるため」の一部です。これを読んで，あとの1・2に答えなさい。

著作権に関係する弊社の都合により
本文は省略いたします。

教英出版編集部

（注）齢九十＝九十歳。筆者の二〇〇八年十月時点の年齢。
手塚治虫＝漫画家、アニメーション作家。代表作に「ジャングル大帝」「鉄腕アトム」がある。
石ノ森章太郎＝漫画家、アニメーション作家。代表作に「仮面ライダー」がある。

1 ①ぼくが座る椅子はありませんでした とあるが，具体的にはどのような意味ですか。書きなさい。

2 ②あきらめて途中下車せずに立ち続けていたら，あるとき目の前の席が空いた とあるが，筆者は，どのようなことを伝えようとしていますか。また，あなたは，筆者が伝えようとしていることに対してどのように考えますか。次の条件にしたがって書きなさい。

（条件）
　・二段落で書くこと。
　・第一段落には，筆者がどのようなことを伝えようとしているのかを書くこと。
　・第二段落には，筆者が伝えようとしていることに対するあなたの考えを，自分の例をあげて書くこと。
　・180字以上200字以内にまとめて書くこと。

適性2—2

平成31年度

適 性 検 査 1
（9：30～10：20）

注　　　意

1　検査開始のチャイムがなるまで開いてはいけません。

2　問題用紙の1ページから6ページに，問題が $\boxed{1}$ から $\boxed{6}$ まであります。

　これとは別に解答用紙が1枚あります。

3　問題用紙と解答用紙に受検番号を書きなさい。

4　答えはすべて解答用紙に記入しなさい。

広島県立広島中学校

受検番号	第	番

1　6年生の広子さんは，同じクラスの智子さんと，教室で話をしています。次の会話は，広子さんと智子さんが話したものです。

> 広子「今日の理科の授業で，植物の呼吸について習ったよね。」
> 智子「そうね。植物も私たちと同じように呼吸し，酸素を取り入れて二酸化炭素を出しているんだね。」
> 広子「植物も生きていくためには，酸素を必要とするんだね。そういえば，5年生のときに，発芽の学習をしたよね。発芽に必要な条件に空気があったけれど，これも呼吸するために必要だからなのかな。」
> 智子「そうなのかもしれないね。」
> 広子「発芽の実験でインゲンマメを使ったよね。そのときと同じように，インゲンマメを使って，発芽した種子が酸素を取り入れて二酸化炭素を出しているのかどうか，実験で確かめられるかな。」
> 智子「できると思うよ。発芽した種子が酸素を取り入れて二酸化炭素を出しているのかどうか，確かめてみようよ。」

　あなたが広子さんなら，どのような方法で実験をしますか。インゲンマメの発芽した種子を使った実験の方法を書きなさい。

適性1—1

2 　明夫くんの小学校では，毎年４月と10月に新体力テストが行われます。6年生で班長の明夫くんは，同じ班の強志くん，高子さん，裕子さんの４人で，4月に行われた1回目の記録をふり返って，10月に行われる2回目に向けて，目標を話し合いました。そして，明夫くんたちは，握力，50ｍ走，立ち幅とび，ソフトボール投げの４種目の中から1種目を選び，みんなで練習することにして，必要な情報をメモにしました。ただし，握力は小数第一位を四捨五入し，50ｍ走は小数第二位を切り上げ，立ち幅とびとソフトボール投げは小数第一位を切り捨てたものを記録としています。

（明夫くんが作ったメモ）

○　昨年度の6年生が，10月に行った４種目の得点の平均は30点だった。

○　10月に行われる2回目では，4人の得点の平均を30点以上にする。

○　４種目の中から1種目を選び，選んだ種目について，4人が同じ得点だけ増えるようにする。

○　選んだ種目について，4人がそれぞれ，どれだけ記録をのばすかを目標とする。

（1回目の記録）

	握　力	50ｍ走	立ち幅とび	ソフトボール投げ
明夫（男子）	23 kg	9.1 秒	155 cm	24 m
強志（男子）	18 kg	8.4 秒	180 cm	25 m
高子（女子）	17 kg	9.4 秒	146 cm	17 m
裕子（女子）	15 kg	9.6 秒	150 cm	14 m

（男子の４種目の得点表）

得点	握　力	50ｍ走	立ち幅とび	ソフトボール投げ
10点	26 kg 以上	8.0 秒以下	192 cm 以上	40 m 以上
9点	23 ～ 25	8.1 ～ 8.4	180 ～ 191	35 ～ 39
8点	20 ～ 22	8.5 ～ 8.8	168 ～ 179	30 ～ 34
7点	17 ～ 19	8.9 ～ 9.3	156 ～ 167	24 ～ 29
6点	14 ～ 16	9.4 ～ 9.9	143 ～ 155	18 ～ 23
5点	11 ～ 13	10.0 ～ 10.6	130 ～ 142	13 ～ 17

（女子の４種目の得点表）

得点	握　力	50ｍ走	立ち幅とび	ソフトボール投げ
10点	25 kg 以上	8.3 秒以下	181 cm 以上	25 m 以上
9点	22 ～ 24	8.4 ～ 8.7	170 ～ 180	21 ～ 24
8点	19 ～ 21	8.8 ～ 9.1	160 ～ 169	17 ～ 20
7点	16 ～ 18	9.2 ～ 9.6	147 ～ 159	14 ～ 16
6点	13 ～ 15	9.7 ～ 10.2	134 ～ 146	11 ～ 13
5点	11 ～ 12	10.3 ～ 10.9	121 ～ 133	8 ～ 10

　あなたが明夫くんたちなら，どのような目標にしますか。解答用紙の（　）に，選んだ種目と4人がそれぞれどれだけ記録をのばすかを，単位をふくめて書き入れなさい。また，目標の記録をそのように決めた考え方を，式をふくめて書きなさい。

3 隆くんは，こども科学館の実験教室に参加し，回路について学習しています。次の会話は，そのときに隆くんと先生が話したものです。

先生「これを見てください。箱の上にア〜ウの３つの豆電球と，A〜Dの４つのたんしをつけています。この豆電球とたんしは導線を使って，箱の上でつなぐことができます。」

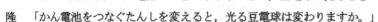
箱についた豆電球とたんし
たんしA
B
ア イ ウ
D
C
豆電球

隆 「この４つのたんしは，＋と－に関係なく，かん電池や導線をつなげることができますか。」

先生「はい。つなげることができますよ。」

隆 「それなら豆電球とたんしのつなぎ方によって，いろいろな回路ができそうですね。」

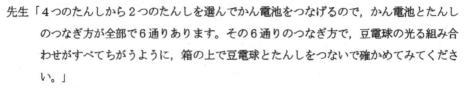
たんしにつなげるかん電池
導線
かん電池

先生「そうですね。正しく回路がつながっていれば，箱の上の２つのたんしにかん電池１つをつなげることで，豆電球が光ると思いますよ。」

隆 「かん電池をつなぐたんしを変えると，光る豆電球は変わりますか。」

先生「４つのたんしから２つのたんしを選んでかん電池をつなげるので，かん電池とたんしのつなぎ方が全部で６通りあります。その６通りのつなぎ方で，豆電球の光る組み合わせがすべてちがうように，箱の上で豆電球とたんしをつないで確かめてみてください。」

隆 「おもしろそうですね。」

先生「ただし，かん電池１つで豆電球３つが光るようにすると，光が弱くて，光っているかどうか分からないから，豆電球が１つまたは２つ光るように，豆電球とたんしをつないでくださいね。」

　隆くんは，導線のつなぎ方についてまとめたメモを参考にして，たんしAとBを豆電球アにそれぞれ導線でつなぎました。

(導線のつなぎ方についてまとめたメモ)

○ 豆電球とたんしをつなぐ導線は，６本使う。

○ 豆電球と豆電球はつながない。

○ かん電池１つをたんしにつなげると必ず豆電球が１つまたは２つ光る。

○ かん電池をたんしにつなげるときの６通りのつなぎ方で，豆電球の光る組み合わせがすべてちがうものになる。

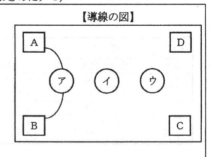
【導線の図】
A
D
ア イ ウ
B
C

　あなたが隆くんなら，メモのとおりの導線のつなぎ方にするために，豆電球とたんしをどのようにつなぎますか。解答用紙の導線の図に，豆電球アとつないだ導線２本とは別に，導線４本をかき加えなさい。また，その導線のつなぎ方で，かん電池をたんしにつないだとき，どの豆電球が光りますか。解答用紙の（　）に，光る豆電球の記号をそれぞれ書き入れなさい。

3 次の文章は，金田一春彦さんが書いた「ホンモノの日本語」の一部です。これを読んで，あとの1・2に答えなさい。

グローターさんというフランス人の神父が私の知人にいた。この方が「日本人は語学の天才ですね」とおっしゃる。「そんなことはない。日本人は語学がへたで，私なんか中学以来英語の勉強をしているけど，いまでもろくに英語をしゃべることができません」と言ったところ，「それはちょっと違います。日本人はいろいろな人と，違った言葉で話すでしょう。ヨーロッパ人だったら，三カ国語くらいの言葉を使い分けているのと同じです」と言うのである。

言われてみると，例えば九州出身の人が東京に出てきて，郷里にいる弟と電話で話すとする。「そぎゃんことば しぇん方がよかたい」などと言う。ところがその人が東京で親しくなった友達と話すときは「そんな馬鹿なことをする奴があるもんか」と言い方を変える。全然違う。その人が会社に勤めていて，上役の社長などに話す場合はどうなるか。「さようなことはなさらない方がよろしいのではないでしょうか」。この言い方の違いは大変大きい。

アメリカ人がこんなふうに言い方を変えることはまずできない。スウェーデンの言葉とノルウェーの言葉は違うが，スウェーデン語でしゃべってもノルウェー人に通じるという。日本語に置き換えると，関東弁と名古屋弁くらいの違いしかないらしい。ところが日本人はそのように複雑に言い方を使い分けている。日本語は方言の違いが非常に大きい。また女性語というのがあって，男性と女性では違った言葉を話す。日本の女性は四カ国語くらいしゃべる，①語学の天才 だということになるかもしれない。「そんなこと知りませんわ」なんて言う。グローターさんから見たら，日本の女性は四カ国語くらいしゃべる，①語学の天才 だということになるかもしれない。

日本人は落語を聞くとき，何の苦労もなく内容を理解していると思う。知人のドイツ人が落語を大好きになって，ドイツに行って落語を聞かせたいと思い，ドイツ語に翻訳した。私はその本を見て，落語を聞いたときには全く気がつかなかった大きな違いを見つけた。どういう点が違うかと言うと，「……とワイフが言った」「……とハズバンドが言った」というようにいちいち断っている。ただせりふだけを並べていくと，どれが亭主のせりふか，おかみさんのせりふか，わからなくなってしまうからだ。日本の落語ではト書きを入れなくても，おかみさんのせりふか，おかみさんのせりふか，大家のせりふか，店子のせりふかわかる。日本語がそういうことができる言語だということ，それが②私たちの生活を非常におもしろいものにしてくれているのだ。

（金田一春彦『ホンモノの日本語』KADOKAWA）

（注）ワイフ＝妻。おかみさん。
ハズバンド＝夫。亭主。
ト書き＝台本でせりふ以外のしぐさや様子などを説明した部分。
大家＝家などを貸している人。
店子＝家などを借りて住む人。

1 ①語学の天才 とあるが，具体的にはどのようなことを指していますか。書きなさい。

2 ②私たちの生活を非常におもしろいものにしてくれているのだ とあるが，筆者が考える「非常におもしろいものにしてくれている」ことはどのようなことですか。また，あなたの生活を非常におもしろいものにしてくれていることは，どのようなことですか。次の条件にしたがって書きなさい。

（条件）
・二段落で書くこと。
・第一段落には，筆者が考える「非常におもしろいものにしてくれている」ことを書くこと。
・第二段落には，あなたの生活を非常におもしろいものにしてくれていることを具体的にあげ，その理由を書くこと。
・180字以上200字以内にまとめて書くこと。

適性2―2

K 教英出版

4 美希さんは，自宅近くのA駅を 11 時 10 分に出発して，友だちと 12 時にH駅で会う約束をしています。次の会話は，H駅まで行く計画について，美希さんとお父さんが話したものです。

> 美希「友だちと 12 時にH駅で会う約束をしているけど，どうやって行けばいいかな。」
>
> 父　「このメモを見てごらん。簡単な地図，乗り物の時速と記号，運賃，乗りつぎ時間を書いておいたよ。乗りつぎ時間は乗り物を乗りかえるときにかかる時間で，例えば，E駅で地下鉄からバスに乗りかえるときに，乗りつぎ時間が４分かかるということだよ。このメモの情報を使って計画すると，約束の時間に遅れず，予算 600 円以内で行けると思うよ。乗りつぎ時間も考えて，50 分以内で行ける計画を立ててごらん。」
>
> 美希「わかったわ。計画を立ててみるね。」

(お父さんにもらったメモ)

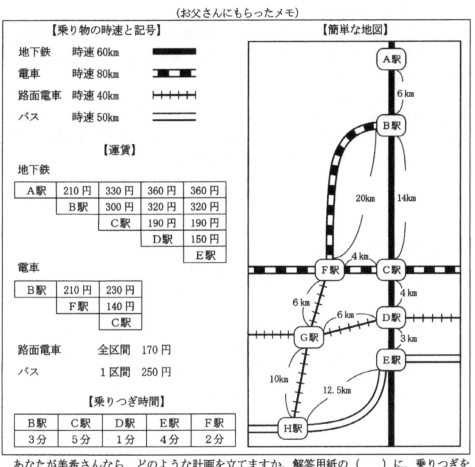

【乗り物の時速と記号】

地下鉄	時速 60km
電車	時速 80km
路面電車	時速 40km
バス	時速 50km

【運賃】

地下鉄

A駅	210 円	330 円	360 円	360 円
	B駅	300 円	320 円	320 円
		C駅	190 円	190 円
			D駅	150 円
				E駅

電車

B駅	210 円	230 円
	F駅	140 円
		C駅

路面電車　　全区間　170 円

バス　　1 区間　250 円

【乗りつぎ時間】

B駅	C駅	D駅	E駅	F駅
3分	5分	1分	4分	2分

あなたが美希さんなら，どのような計画を立てますか。解答用紙の（　）に，乗りつぎをする駅の名前，〔　〕に乗り物の名前を書き入れ，必要ない（　）や〔　〕には×を書き入れなさい。また，A駅からH駅に到着するまでにかかる合計時間と合計運賃を　　　にそれぞれ書き入れ，求めた式を書きなさい。ただし，乗り物が各駅に停車する時間は考えません。

5　優香さんは，理科室で授業の準備をしている先生と話をしています。次の会話は，優香さんと先生が話したものです。

> 優香「先生，実験の準備をしているのですね。大きさのちがう３つのビーカーに入っている液体はすべて水ですか。」
>
> 先生「水ではありませんよ。それぞれ同じ量の水に，ミョウバンの量を変えてとかしてある水よう液です。」
>
> 優香「色がなくて透明なので，水だと思いました。見ただけでは分かりませんね。」
>
> 先生「では，優香さん，この３つの水よう液のどれに，最も多くのミョウバンがとけていると思いますか。」
>
> 優香「見ただけでは分かりませんね。においもないし，なめてはいけないと習ったから，どうしたら分かるのかしら。」
>
> 先生「そうですね。ミョウバンはにおいもないし，色もありません。ですが，これまで学習してきたことを使えば，３つの水よう液のどれに，最も多くのミョウバンがとけているかが分かりますよ。考えてみてください。」

　あなたが優香さんなら，最も多くのミョウバンがとけている水よう液を，どのような道具などを使って，どのような手順で見分けますか。見分けるために使う道具などを書きなさい。また，その道具などを使って見分ける手順と結果を書きなさい。

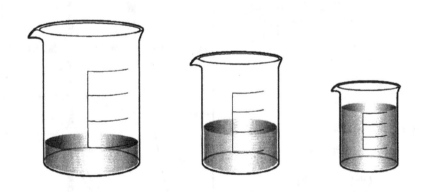

6 　勝くんとお兄さんは，新しい本だなを買いました。次の会話は，新しい本だなの使い方について，勝くんとお兄さんが話したものです。

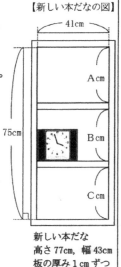

【新しい本だなの図】

41cm

Acm

Bcm

Ccm

75cm

新しい本だな
高さ77cm，幅43cm
板の厚み1cmずつ

勝「右の図のように，新しい本だなは2枚の板で3つの場所に分ける
　　ことができ，それぞれの高さA，B，Cは自由に変えることがで
　　きるんだ。高さA，B，Cを，何cmにしようかな。」
兄「本を入れる場所の幅を考えて，必要な高さにしないといけないね。
　　ぼくは，文庫本を20冊だけ入れる予定だから，一番上の場所を
　　ぼくが使って，残りの2つの場所は勝が使ってくれるかな。とこ
　　ろで，勝は何を入れる予定なの。」
勝「ぼくは時計を3つの場所の真ん中に入れようと思うんだ。時計の
　　上に本を置いたり，時計が本でかくれたりしないようにするね。」
兄「本は，積み重ねて入れると下の本が出しにくいから，どの本も背
　　表紙が縦にすべて見えるように，きれいに並べて入れようね。」
勝「分かった。時計や本が全部入るように，本だなの使い方を考える
　　ね。」

　勝くんは，本だなの使い方を考えるために必要な情報をメモにまとめました。あなたが勝くんなら，メモをもとにそれぞれの高さA，B，Cを何cmずつにし，どの場所に何をいくつ入れますか。解答用紙の表に本を入れる場所の高さと入れるものの数をそれぞれ書き入れなさい。ただし，奥ゆきは考えないものとします。

（勝くんがまとめたメモ）

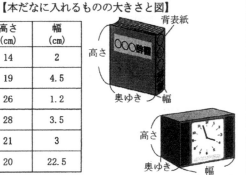

【本だなに入れるもの】			【本だなに入れるものの大きさと図】		
お兄さん：文庫本　20冊				高さ(cm)	幅(cm)
勝くん　：辞書　　3冊			文庫本	14	2
教科書　11冊			辞書	19	4.5
図鑑　　5冊			教科書	26	1.2
参考書　5冊			図鑑	28	3.5
時計　　1個			参考書	21	3
			時計	20	22.5

（表）

	高さ(cm)	文庫本(冊)	辞書(冊)	教科書(冊)	図鑑(冊)	参考書(冊)	時計(個)
お兄さんの本を入れる場所	A	20					
勝くんの本を入れる場所	B						1
勝くんの本を入れる場所	C						0

Ⓚ 教英出版

適 性 検 査 2

（11：00～11：45）

受検番号	第	番

1　6年生の真理子さんは，学級委員をしています。学級委員会では，環境問題について，1学期に「地球温暖化を防止するために，みんなで環境にやさしい生活を送ろう」をテーマに，環境を守る取組を行おうと考えています。そこで，学級委員会では，6年生に対して行った省エネルギーの取組状況や活動に関するアンケートの結果を，次の資料のようにまとめました。

　真理子さんは，この資料をもとに，テーマにそって，学校内でどのような活動をするのかを，4月末に行われる学級委員会で提案するつもりです。あなたが真理子さんなら，どのような提案をしますか。その原稿を200字以内で書きなさい。

資料　6年生に対して行った省エネルギーの取組状況や活動に関するアンケートの結果

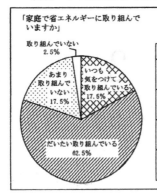

「家庭で省エネルギーに取り組んでいますか」

- 取り組んでいない　2.5%
- あまり取り組んでいない　17.5%
- だいたい取り組んでいる　62.5%
- いつも気をつけて取り組んでいる　17.5%

「省エネルギーに取り組んでいない，または，あまり取り組んでいない理由は何ですか」

こうもく	割合
どのような取組をすれば良いのか，わからないから	45.8%
面倒だから	25.0%
自分だけ取り組んでも，あまり意味がないと思うから	20.9%
生活が不便になると思うから	8.3%

「家庭でどのような活動に取り組んでいますか」

①　買い物のときは，家からふくろを持っていくようにしている。
②　歯をみがくときに水を出しっぱなしにしないなど，節水に取り組んでいる。
③　見ていないテレビは消すなど，節電に取り組んでいる。

2　一郎くんは，夏休みに家族旅行で山口県の萩を訪れました。一郎くんは，見学した萩城跡で，江戸時代のはじめごろに毛利氏がもとの領地を大きく減らされ，広島から萩などに移されたことを知りました。その理由を調べるうちに，江戸幕府による大名支配に興味をもちました。そこで，一郎くんは，幕府による大名の配置のねらいや幕府が出したきまりなどについて調べ，江戸幕府の支配の特色についてまとめることにしました。次の資料1・2は，一郎くんが図書館で調べたものの一部です。

　あなたが一郎くんなら，資料1・2を用い，どのようなことをまとめますか。歴史の大きな流れと関連づけて書きなさい。

資料1　江戸時代におけるある藩の支出の割合

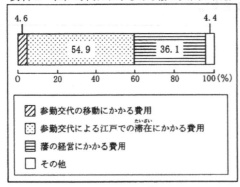

4.6　54.9　36.1　4.4

0　20　40　60　80　100(%)

- ▨ 参勤交代の移動にかかる費用
- ▨ 参勤交代による江戸での滞在にかかる費用
- ▤ 藩の経営にかかる費用
- □ その他

（『出入捷覧』をもとに作成。）

資料2　江戸幕府が出したきまりについて

【きまりの一部】
・大名は，江戸に参勤しなくてはならない。
・自分の城を修理する場合は，幕府に届け出なくてはならない。
・大きな船は，つくってはならない。
・大名どうしでかってに結婚してはならない。

【違反した例】
　関ヶ原の戦いのほうびとして福島正則は幕府から領地を与えられた。しかし，1619年に広島城を無断で修理したことがきっかけとなり，領地を没収され，それまでよりも米の生産量が少ない領地に移された。

（『日本歴史大事典』をもとに作成。）

適性2－1

			B			C	

3

（結果）

かん電池をたんしAとBにつないだとき（　　　　　　）が光る。

かん電池をたんしAとCにつないだとき（　　　　　　）が光る。

かん電池をたんしAとDにつないだとき（　　　　　　）が光る。

かん電池をたんしBとCにつないだとき（　　　　　　）が光る。

かん電池をたんしBとDにつないだとき（　　　　　　）が光る。

かん電池をたんしCとDにつないだとき（　　　　　　）が光る。

4

（求めた式）

5

（見分けるために使う道具など）

（見分ける手順と結果）

6

(表)

		高さ(cm)	文庫本(冊)	辞書(冊)	教科書(冊)	図鑑(冊)	参考書(冊)	時計(個)
お兄さんの本を入れる場所	A		20					
勝くんの本を入れる場所	B							1
勝くんの本を入れる場所	C							0

2019(H31) 広島県立広島中

K 教英出版

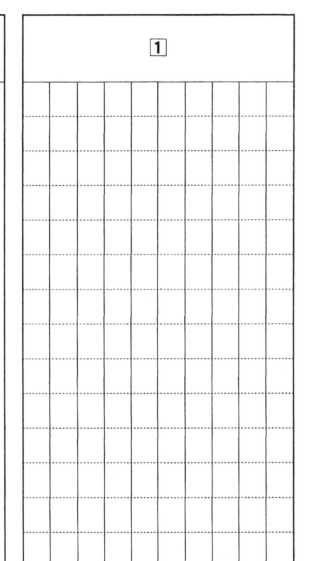

1

200
字

100
字

適性検査2　解答用紙

受　検　番　号

第　　　　　　番

※100点満点
（配点非公表）

得　　点

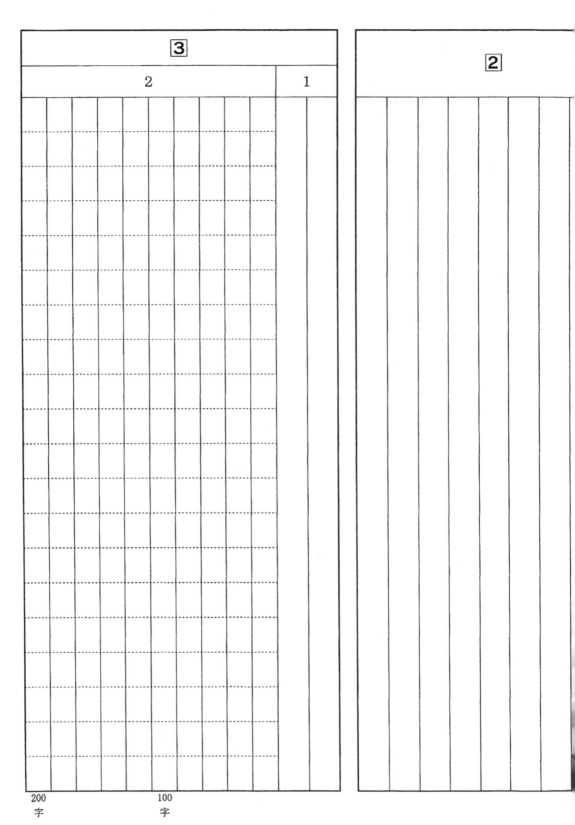

適性検査 1　解答用紙

1

(実験の方法)

2

選んだ種目は（　　　　　　）で、
記録を、明夫くんは（　　　　　　）、強志くんは（　　　　　　）、
高子さんは（　　　　　　）、裕子さんは（　　　　　　）のはず。

(考え方)

(連線の図)

A駅　→　（　　）　〔　　〕　→　（　　）　→　（　　）　〔　　〕　→　H駅
　　　〔　　〕

A ─── D

【解答用